# 万达管理课

**万达集团近30年来管理思想精髓，震撼大公开！**

贾琦◎编著

中国友谊出版公司

**图书在版编目（CIP）数据**

万达管理课 / 贾琦编著 . — 北京 ： 中国友谊出版
公司， 2017.9

ISBN 978-7-5057-4141-6

Ⅰ．①万… Ⅱ．①贾… Ⅲ．①房地产业－企业集团－
企业管理－经验－大连 Ⅳ．① F299.273.13

中国版本图书馆 CIP 数据核字（2017）第 196408 号

| | |
|---|---|
| 书名 | **万达管理课** |
| 作者 | 贾　琦 编著 |
| 出版 | 中国友谊出版公司 |
| 发行 | 中国友谊出版公司 |
| 经销 | 新华书店 |
| 印刷 | 三河市文通印刷包装有限公司 |
| 规格 | 787×1092 毫米　16 开 |
| | 19 印张　226 千字 |
| 版次 | 2017 年 10 月第 1 版 |
| 印次 | 2017 年 10 月第 1 次印刷 |
| 书号 | ISBN 978-7-5057-4141-6 |
| 定价 | 39.80 元 |
| 地址 | 北京市朝阳区西坝河南里 17 号楼 |
| 邮编 | 100028 |
| 电话 | （010）64668676 |

如发现图书质量问题，可联系调换。质量投诉电话：010-82069336

# 序 言

王健林说："万达集团是全国知名企业，社会公认万达两点，一是发展速度快，二是执行能力强。"

的确，万达是一个成功的企业，它是商业地产的领头羊，拥有雄厚的财力基础和丰富的文化底蕴，它能够复制自身的成功模式并将其延伸到多个领域，能通过开办学校持续地培养优秀人才，它懂得操作商业地产的经营核心，懂得适应时代和市场，继而进行轻资产化转型……万达是一个既能与时俱进又敢于突破传统的企业，而促使它获得成功的关键，是其自身凸显的卓越的企业管理能力。

万达的底气来源于自身的能力和商业地产的特殊性，而这种底气是通过出色的管理水平才具备的。万达能够克服门槛高、风险大、组织复杂等客观因素，在营销、竞争、品牌建设等多方面建立起科学化、合理化的管理模块，从而形成独具特色的万达管理之道。

当然，万达在企业管理方面也犯过错误，曾经因定位失策赔了十几亿元，然而万达并不避讳这些"黑点"，反而通过试错探索出了符合自身发展之需的经营管理之路。

毫不夸张地说，每一个企业的管理者都应该学习万达的管理之道，去发现其深藏的价值，构建出多点开花、纵横交错的管理体系。如今，万达已经不再局限于商业地产，它是一个拥有商业、文化旅游和零售等多业务板块的商业帝国，能够经营如此庞大的业务范围，有赖于万达统一有效的管理模式。

一方面，万达能够抓住各类企业年度计划，比如，工作计划、资金计划、投资计划和开业计划等，一年需要做什么事情，招聘多少员工，设计多少产品，万达都会列入计划当中并细致安排。比如做现金流分析，万达会细化到每一个区域公司，确保整个集团资金流向的安全和稳定。万达通过抓住四大基本计划，巩固了企业发展的基础，确保了企业维系着稳定、高速的运转，它从不盲目计划、冲动决策。

另一方面，万达的计划模块化软件非常成熟，万达的每项工程和工作都会编制成计划模块管理软件。从开工到开业、设计、工程等多项工作，分为多个级别和多个管控节点，处于节点上的每个人都知道未来的工作内容是什么，都不敢怠慢，因为一旦耽误进程，全系统都能看到……万达通过压力传导给予员工动力和执行力。万达的计划模块化也让各项工作紧张有序，因此，万达一年半就能开业一个项目，并做到有条不紊。

万达的管理优势让其将多年的管理经验和几万人的管理智慧，以信息化的手段作用在每一道工作程序上，任何人都不用关注别人，只要按照节点要求做好，就能确保整个集团的工作链条有序地运转。

成功的企业管理能提升企业的运作效率，能为企业的发展指出明确的方向，能让每个员工充分发挥自身潜力，能让企业的资本结构更加合理，更能为企业树立优质的品牌形象，在产生经济价值的同时产出社会价值。

# 目录

序　言 ...... 1


第一章

**人才培育是发展的第一要素** ...... 001

1. 从细节入手筛选应聘者 ...... 002

2. 揭秘万达学院的特色培训 ...... 007

3. 从"袖珍广场"看学习型企业 ...... 013

4. 强化自律,减少人力资源浪费 ...... 018

5. 制度留人是稳定团队的长远之计 ...... 024

6. 激发员工潜能,带动企业活力 ...... 029

7. 巧用企业活动增强员工忠诚度 ...... 034

8. 盘点万达的20条"天规" ...... 039

9. 信任是凝聚人才的关键 ...... 045


第二章

**战略的深度决定企业的高度** ...... 049

1. 历史数据是未来发展的重要参考 ...... 050

2. 敲定的计划一个标点都不能改 ...... 055

3. 民主式讨论，独裁式决策 ...... 060

4. 四次转型，活化管理和经营的联动性 ...... 065

5. 创新的前提是清除旧思想 ...... 070

6. 调整商业模式，寻找创新拐点 ...... 074

7. 升级和转型同步，构建战略管理 ...... 079

8. 规划电商管理，完成转型关键步骤 ...... 086

9. 加快人才转型，助推企业战略布局 ...... 090


第三章

**企业管理始于严以律己** ...... 095

1. 用产品思维执行企业管理 ...... 096

2. 合理转化计划外的不可控因素 ...... 100

3. 活用互联网思维改造企业 ...... 104

4. 奖罚分明是不可撼动的"军规" ...... 109

5. 信息化提高审计效率 ...... 114

6. 一查到底的反腐预警机制 ...... 118

7. 提前预警的万达式危机管理 ...... 123


第四章

**执行力比创造力更重要** ...... 127

1. "提前完工"的万达式效率 ...... 128

2. 会后必须落实决策的工作准则 ...... 133

3. "准时开会和准时散会"的启示 ...... 137

4. 驱动员工产生执行意识 ...... 140

5. 狼性基因激活执行效能 ...... 144

6. 升级资产管理输出，保障执行效率 ...... 148

7. 运营管理效率决定企业生命周期 ...... 152

## 第五章

**重视细节的闭环运营机制** ...... 157

1. 从食堂看万达的内部管理 ...... 158

2. 改善空气质量和企业发展的关系 ...... 163

3. "独一无二"的安保系统说明了什么 ...... 167

4. 加强资金管理，保障现金流安全 ...... 171

5. 细化费用支出，完善指标管理 ...... 177

6. 吃透税法，加强税务管理 ...... 183

7. 用数据说话的精细化管理原则 ...... 187

8. 严控工作流程，确保资金安全 ...... 191

## 第六章

**优化管理模块，增强抓取用户能力** ...... 195

1. 建立媒体联盟，提升品牌知名度 ...... 196

2. 信息化管理完善广场业态布局 ...... 202

3. 独特的"吸客式"销售管理 ...... 207

4. 解读万达广场"走心"的商户辅导 ...... 211

5. 深化营销管理，打造体验至上的影院 ...... 216

6. "以业主为本"的服务管理思路 ...... 221

## 第七章

**竞争的强度始于管理的深度** ...... 225

1. 信息化管理成就新竞争策略 ...... 226

2. 严格控制成本，凸显竞争优势 ...... 231

3. 建立商管模块，打造良性商业生态 ...... 235

4. 成立商管集团，整合企业竞争力 ...... 239

5. 从强强联合看万达的合作管理 ...... 243

6. 轻资产化增强市场生存力 ...... 247

7. 强化营销管理优势，提升竞争力 ...... 252

第八章

**企业文化是管理的制胜之道** ...... 257

1. 推行"三管"政策协调母、子公司关系 ...... 258

2. 集分权管理模式凝聚向心力 ...... 262

3. 划分权责，集成人力资源优势 ...... 267

4. 建立财务分权体系，规范内控模块 ...... 271

5. 强化战略管理，缔造现代企业运行机制 ...... 276

6. 用优秀管理者促进团队建设 ...... 280

7. 万达招商团队的"养成手册" ...... 285

8. 企业文化理念是立足之本 ...... 289

## 第一章

# 人才培育是发展的第一要素

> 万达做商业地产是从住宅地产转型过来，刚开始就是找人，人找到了，事情才能做好；后来转型做文化旅游，也是先找人。现在万达从事金融产业，最重要的还是找人，不光要找到人，还要找到合适的人。这就是我老讲的一句话，'人就是一切，人就是事业'。能否搞好金融产业，关键不是审批，不是资金，而是人才。

# 1. 从细节入手筛选应聘者

人类文明进入手工作坊时代，才有了粗具资本主义性质的雇佣关系：工场主和雇工。这种新式关系和地主与佃农的租佃关系有本质的不同，由此产生了"用人机制"这个概念：挑选有经验的、有技术的、对雇主忠诚的……这种甄选机制在人类进入现代文明社会以后变成了更复杂的人力资源管理。职场不再是养家糊口的一亩三分地，它成了员工和企业共同成长的培育地。站在企业的角度看，如何从芸芸众生中挑选出精明强干且吃苦耐劳的合格员工，是一门必修课，因其事关企业的未来发展甚至生死存亡。

企业是躯体和肌肉，员工是血液，一个能为自己吸收新鲜、安全血液的企业，会从细节入手挑选员工。简而言之，就是在短时间内，通过对一个应聘者外在气质、行为举止等细微之处的观察而判断是否留用。一个善于把握和识别应聘者细节特征的企业，往往能够通过易被人忽略的行为细节分析出员工的个性差异和需求差异，在此基础之上和企业文化加以融合，就能打造出适合企业发展的合格员工。

万达对应聘者的细节分析能力可谓技高一筹，更可以说是暗藏玄机。

万达的基层员工，很多是在招聘网站上挖出来的，人事经理会搜索相关专业的个人简历然后确定面试时间，面试时，万达会要求应聘者填写《人才信息登记表》。不要小看这张表，这几乎是决定应聘者死或生的第一道门槛，通常有两个选取标准：第一，不要表格空白处超过两个以上的人，这种人要么服从观念差要么是个跳槽大王，对企业的忠诚度不会太高，就算苦心培养出来也是为他人作嫁衣；第二，不要字迹潦草和多次涂改的人，这种人要么粗心大意要么隐瞒工作经历，对企业既不能尽心负责又不能坦诚相待，招来何用？

除了对表格的填写情况作出判断之外，万达也十分在意应聘者的年龄和待遇的关系。他们的判断依据是：一个人的年龄和职位有着密切的匹配关系，如果一个人从基层员工奋斗到基层管理者，需要3年时间，年龄大多超过26岁；从基层管理者再到中层，年龄大多要超过32岁；如果要奋斗到高层管理者，年龄基本要在40岁以上。

有了这个年龄和职位的匹配模板，万达就有了对员工能力的初步评判标准：一个人如果超过30岁还没有成为中层管理者，能力自然值得怀疑；如果年龄较小却早早进入了管理岗位则有两种情况：个人能力突出或者是前用人单位筛选人才的机制出了问题。对于这种人，需要进行后续了解才能最终确定。

在考察应聘者的年龄之后，万达会对应聘者的薪资待遇要求进行判断，这恰好能反映出一个员工的求职心态：目前薪酬和期望薪酬差距较大的，要么是有强烈的就职愿望，要么是缺乏自知之明；目前薪酬和期望薪酬差异较小的，通常是职场心态稳定的，可以考虑长期聘用。

人格心理学的观点是：一个人的童年经历会较大地影响着其人格

的形成。万达将这个理论转换为：一个人的职业经历决定了一个人的职场思维。所以，考察应聘者的工作经历是非常重要的。万达看重的是应聘者工作经历的可持续性：是否长期从事同类工作。如果一个人的工作经历出现明显的断层，在排除了自主创业、家庭变故、生病等客观原因外，一个很明显的结论就是此人工作能力存在某种缺陷，很难长期从事某种行业。

企业的发展靠的是各个岗位的技艺娴熟者，干了两天半就跑路的人，就算能力再强，留下的也只是华丽的转身。在万达看来，在一家企业工作满两年的人没什么问题，三年到五年的视为很稳定；如果一个人在一年之内跳槽两次或者两次以上，要么是能力差，要么就是心态有问题，这种人不会被优先选用。如果有人多次跨行业求职，说明他缺乏对自身的正确定位，这种人通常缺乏主动性和自省力，一旦工作出现波动，很可能又会逃之夭夭。

万达需要的员工，必须是有明确职业规划的人，骑驴看唱本的永远都是路人甲，他们不可能对企业的长远发展做出贡献。另外，那些曾经从大企业下降到小企业的应聘者，万达也会慎用，因为这种人通常是在人生中走错了重要一步才会沦落于此，很可能缺乏决策力和判断力，一旦进入管理层，后患无穷。相反，那种从小企业一步登天进入大企业的人，也多少会令人怀疑，需要后续进行考察和了解，不然等到你发现他是阴谋家则为时已晚。

万达力求成为世界级的规范化的行业领军者，对那些长期工作在不规范企业的应聘者的录用是很小心的。这就好比在江湖上混门派，你去峨眉派也好武当派也好，总会有人调教你，可如果是一个混迹于穷乡僻壤的响马土匪，无论是能力、修养还是团队意识，也许还不如少林寺的扫地僧，这种人当然要慎用、少用。

说到底，企业对员工最看重的还是他们的忠诚度，万达的HR十分注意一个细节：如果一个应聘者的网络简历和现场填写的有出入，他所说的其他内容的可信度会大大降低，日后给他的职位越高，他造假的量级会越惊人。

一张看似简单的表格，能反映出很多潜藏的重要信息，这是万达"以细小窥全貌"的识别人才的着眼点。

应聘者在过了表格这一关以后，万达还要采用"串联"的形式对其进行面试，也就是找来多个面试官和应聘者交流沟通，只要发现应聘者某方面能力不足就会将其淘汰，这种筛选策略就是通过多角度观察全面了解应聘者的综合能力。

在进入面试环节之后，应聘者会被问到很多问题，万达正是通过这种方式快速考察应聘者是否有真才实学的。有一次，人力资源面试一个成本副总时，让每一个应聘者模拟全程操作项目，其中包括体量、精装、报价甚至使用地板的品牌，如此细致地提问就是要判断应聘者的业务知识是否全面。

抓细节要抓到点子上。万达的面试集中在对应聘者三观、学历、行业经验以及专业技能四个方面的考察，其中寓意深刻：三观决定了员工能跟企业走多远，学历决定了员工能跟企业走多快，行业经验决定了员工能不能帮助企业抄近路，专业技能决定了员工能走多稳。有了这四大板块的全面考察，聘用的员工质量会大幅度提高。

不过，一个应聘者即便通过了面试也不意味着万事大吉。在正式入职前，万达会对其进行背景调查，尤其是需要前用人单位的推荐意见并加盖公章，对某些岗位还要求有户口本、身份证、学历证明等诸多证件的审核。一旦发现应聘者有黑历史，哪怕面试时表现得很突出也会被淘汰。

2014年，王健林在万达下半年工作报告中说了一段话："万达做商业地产是从住宅地产转型过来，刚开始就是找人，人找到了，事情才能做好；后来转型做文化旅游，也是先找人。现在万达从事金融产业，最重要的还是找人，不光要找到人，还要找到合适的人。这就是我老讲的一句话，'人就是一切，人就是事业'。能否搞好金融产业，关键不是审批，不是资金，而是人才。"

王健林一直强调万达的短板是人才。万达不缺钱，也不缺资源，真正缺的是人才，能否将高层的战略思想有效落实，依靠的是人才。万达的人力资源部的任务，就是找到精英并把精英安排到最适合的岗位上。

很多企业的人力资源部门通常没有太高的地位，因为最后拍板的往往是公司老总，但万达不同，人力资源部是集团直属部门，权力很大，组织架构为：人资副总裁→总经理→副总经理→经理。人力资源部不仅权力大，而且整个体系的人都尽心尽责。由于万达集团每年都在飞速扩张，一年中单是招聘高管就超过了400人。万达集团各部门的负责人除了日常工作之外，剩余的时间都在面试，据说人力资源部的副总每年至少要约见1800个高管职位的应聘者。

对于企业而言，能否找到精英与企业高层是否重视人才有直接关系，因为人力资源需要高层的授权。正因为万达重视人才的甄选和引进，所以才敢让HR拿一张表格就挡住一部分不合格的应聘者。你可以说这是对某些人的漠视，但恰恰是对人才的重视。

## 2. 揭秘万达学院的特色培训

挑选适合自己的人才不如直接培训适合自己的人才，万达在人才管理方面煞费苦心，为了满足企业发展的需要成立了万达学院，有针对性地培育特定人才。在培训过程中，万达十分重视培训工作的细节，而细节的完善又是植根于"特色"二字。那么，什么是特色？即符合万达企业文化和行业特点的人才特质。

通常，万达学院的特色培训需要经过七个步骤。

第一步是对教学课件进行修改和完善，做到学以致用。在企业经营上，万达追求工作效率；在人才管理上，万达追求培训效率。复杂的理论和实用性差的知识对员工并无太大意义，所以万达紧扣企业对员工的核心需求进行教学，让每一个员工在毕业之后直接上岗。

第二步是禁止学员在课堂上睡觉。这一条看似很普通，但在很多企业培训课堂上却屡见不鲜，万达将这一基本要求当成培训手册传递给员工，目的就是让员工加深认识，明确企业对自己的要求，同时也能改变课堂风气，因为一个学生睡觉会带动更多的学生偷懒，长此以往会严重影响学员们的学习效果。

第三步是推出"能量集市"，解决个人问题。所谓能量集市，就是将每个人掌握和积累的经验、心得集中在一起，是一种团队内部分享成功经验和处理方法的学习方式，不仅能够加强学员对自身经验的认识，更能帮助其他学员解决问题，是一种不定向但扩散率极高的互助学习手段。

第四步是为组织进行诊断。这是针对员工和企业的关系设定的培训方式，学员要将近期公司的复盘、评审、法务以及客户投诉等多个问题进行汇总，然后分类形成单独的课题，从这些课题中寻找问题的根源，从而敲定解决方案，避免二次犯错，这是一种能够大幅度提高学习效率的培训方式，也能促进学员之间的交流。

第五步是开发岗位宝典，帮助员工迅速适应岗位。和"能量集市"有所不同，岗位宝典更加针对员工在某个职位上的经验积累，是一种快速传授、快速学习的方式，能够有效地对精英员工进行"复制"，培养出更多合格的骨干力量。

第六步是传播万达的企业精神，让员工从心灵成长的角度对业绩负责。企业精神是区别不同企业雇员的最明显的标志之一，一位海尔的优秀客户经理必定要和万达的优秀客户经理有所不同，这个不同并非能力层面的，而是对各自企业文化的咀嚼、吸收和释放的差别。在这个过程中，员工会不由自主地传播企业精神，只有通过传播企业精神才能让员工对企业产生深刻的认识和稳定的情感，才能让他们加强对业绩的重视程度。

第七步是借助网络平台，做到"有求必应"。互联网时代下的经营和管理，势必要以巧妙利用网络的力量为辅助手段，一个不懂得利用互联网的员工，是一个不称职的员工，而网络的一个显著特征就是响应速度快，这个响应涉及了传播和反馈等多个环节，只有深谙网络运作规律的人才能利用好这个工具，实现快速反应。

有了七个关键的培训步骤，还需要有教学相长的过程。万达学院的培训思想是，让员工寻找"知者"作为老师。所谓知者，就是当你产生困惑时能够针对这一困惑提出解决方案的人，这个人未必在每个方面都强于你，但是在特定方面能够给予你指导和帮助。万达学院里有很多老师，然而每一位老师都不是全能的，学员当中也并非没有"知者"，他们有强于老师之处，也有强于同学之处，师生之间形成的是各类知识的交融，但是并非每一类知识都需要被你吸收，销售有销售心理学的知识，客服有专业的售后知识，万达学院会培养学员在万千"知者"中寻找能为自己答疑解惑的人，让他们进行知识和经验的共享。

万达学院致力于建立一个平台，一个属于所有知者和求知者的平台，在这里每个人都能畅所欲言，大胆地提出自己的疑问，同时会有人乐于分享经验，从而实现对等、快速地获取知识的目的。当然，万达学院不会鼓励员工胡乱开口，而是提出有意义的问题，对那些缺乏考虑、缺乏现实意义的问题是不鼓励的，因为一旦搭建了交流平台，负面信息传播的速度也会加快。正因为有这样的情况存在，万达学院才建立了完整成熟的结构流程，引导学员们提出问题并让这些问题得以解决，促进企业和员工的共同成长。

在学员经过一段时间的学习之后，如何科学地对他们的学习成果进行评估是十分重要的环节。万达学院要求学员对授课老师进行打分，相对地，老师也要对学员进行打分，学院根据双方反馈的信息进行汇总分析，最终促进老师对教学方法和教学内容的不断完善和提升。评估结果也会上报到集团各部门的高层，让他们对学院的教学效果进行指导，由此形成了一个学生—老师—学院—高层的良性信息反馈链条，避免了信息死角的出现，做到了高效沟通。

作为万达学院的培训老师，需要对学员进行有效的指导。由于很多学员思想先进但是年龄偏大，所以要有针对性地教学，不能长篇大论、旁征博引地授课，那样会引起学员的懈怠和疲倦。因此万达学院一直推广分组教学的模式，将很多学员分为不同的小组，授课和讨论时围绕一张桌子，每位学员之间都要进行学习心得的分享，彼此还要进行比较，增强他们的竞争意识。在这种面对面的交流环境下，没人敢睡觉，反而会激发出学习的积极性和交流的欲望。另外，每个小组会根据学员的具体情况进行难点讲解，不会搞"一刀切"的教育方法。

万达学院的高明之处在于吃透了组织结构的力量，这是一种模块化的培训管理方式，比那些培训效果差的企业大学强很多。学习团队和销售团队一样，本身具有组织特性，渗透效果差就会降低学员的学习效率，减弱学习兴趣，难以培训出企业需要的精英分子。那种万金油式的授课内容，只会让学员和万达特有的企业特性、文化渐行渐远。

万达学院的培训宗旨就是让学员充分吸收企业精神，让他们在正式入职之前就产生强烈的企业自豪感，这样他们才会重视老师传授的知识和经验，因为一个出色的企业势必会有很多成功的经验。一旦员工将万达的精神融入他们的思想和学习活动中，就会更有效率地吸收各类知识和经验。

万达极其重视企业精神的传播，因为这是在帮助所有学员建立一个宏观的视角，只有先让学员站在一定高度，才能看到更多、想到更多、学到更多，如果一位客服人员只会服务不懂销售，一位技术人员只懂技术不懂客户体验，那么他们负责的产品和服务都是不完美的。万达学院努力探索企业和人才的关系，虽然王健林一直强调万达缺乏人才，但是万达学院的目标不只是为了解决这个问题而存在的，它还要让人才和企业形成融洽、共生的关系，否则即便培养出了超一流的人才，但和企业的黏着度差，万一跑到竞争对手那里工作，这就不是培养人才而是培养冤家了。

正是本着这种目的，万达学院才敢于对不合乎要求的学员说：倘若你是一个不追求卓越的人，那还是离开吧，随便找个什么地方混日子。这就是万达传递的企业精神。

有人认为，万达是一个英雄的团体，是具有英雄情结的组织，他们会不遗余力地将这种情结传递给每一个学员，让学员能够回答一个终极哲学问题——我是谁？这个问题有两层含义，一层是让企业寻找到所需的人才，另一层是让学员正确认识自己。只有回答了"我是谁"这个问题，学员才能提高学习效率，在进入岗位之后提升业绩，从心智层面与企业融为一体。一个连自己是谁都弄不清的人，很难获得成长，更难以获得学习和工作的乐趣。

万达需要的是敢于面对困难和接受挑战的精英，号称需要十万人，虽然站在中国的总人数角度上看是微不足道的，但是按照这些精英的工作效率来看，十万能人所创的业绩不容小觑，而这就是万达对人才的界定和需求。

企业需要精神，员工需要灵魂，企业的精神指引着它在经营和管理中成就自我，员工的灵魂引导着他们在成功和失败中完善自我。没有精神的企业无法走得更远，缺失灵魂的员工注定不能成长。万达学院的培训时间不长，很多人只是接受五天的培训，所以仅从知识和经验获取的角度看是有限的，需要学员在工作之后持续地学习和积累。然而，唤醒学员的事业心，点燃学员的奋斗热情，五天的时间未必很短。

为了让员工不断地学习专业知识，万达学院加强了网络学院的建设，学员即使离开也能随时随地进行学习。这种网络化的教学是一种集体化和社会化的全新学习模式，能够让学员在离开学院之后，依然铭记万达对自己的教导，让他们将万达精神随时溢于言、表于行、藏于心，让万达的企业精神和他们长久地结合在一起。

# 3. 从"袖珍广场"看学习型企业

随着科学技术的进步和现代企业管理理论的发展，企业对员工的培训也进入一个新阶段：从单纯培养员工的职业技能升级为培养员工的学习能力，将员工塑造为学习型员工，将企业打造成学习型企业。从这个角度看，学习型企业能够将教育和培训视为后续发展的动力，更看重员工获取知识的能力而不是知识储备，更推崇团队合作精神和理性思维。因此，学习型企业能够形成良好的企业文化：不满足现状，会通过学习来提高工作效率。

除了培养员工的学习能力之外，学习型企业还关注科技发展的趋势，通过科技手段丰富了对员工培训的方法和提高了培训质量，将计算机技术广泛应用在企业培训中，比如人机对话、远程操控等，这些技术革新能促进员工获取新知识和新技能，增强企业的市场生存能力。另外，现代社会的分工和信息交流让培训工作更具社会化并朝着多个领域渗透式地发展。因此，企业培训员工已不再局限于培训本身，也是向员工传递企业文化的过程。

万达是一个学习型企业，它对员工的培训可谓煞费苦心。以万达影城为例，入职影城的各级员工都必须学习针对性的培训课程，如果是管理层的预备骨干，会阶梯式地学习课程，帮助他们逐渐地提高经营管理能力。2014年，万达在全国开设了分区营运初级课程，面向数百家万达影城的营运主管、训练员和影城副经理，两期的开店培训为新店提供了人力资源的支持和保障。

　　既然是学习型企业，万达的培训管理自然技高一筹，开设的课程一点也不枯燥，比如，在培训过程中，每个小组的讲师会用"万达币"（万达内部调动员工积极性的奖励措施，是一种虚拟货币）对员工进行现场激励，发给那些回答问题积极的学员，而那些违反课堂纪律、培训效果欠佳的成员要被扣除万达币，最后以小组为单位排出名次，排名倒数第一的小组得不到任何奖品。万达通过激励学习的手段，让不少学员全身心投入培训中，不仅提升了个人技能，也加强了团队意识。

　　在培训过程中，万达十分注重参训人员的心理特征，因为培训的对象都是成年人，成年人的学习特点是具有极高的目的性，而且拥有自己的价值判断标准，十分在意成就感和自尊心，作为培训方，需要让学员提供反馈，提高他们的积极性。而且，成年人之间会互相学习，而不是像小孩子那样盲目嫉妒，因此需要突出成绩好的学员，将成功经验推广。

　　万达结合成年人的学习特点，为了在学员和讲师之间建立良好的互动关系，组建了分享平台，推出了视听技术法和讨论法，鼓励学员通过角色扮演来说明和解析商业案例，提高学员的学习兴趣和积极性，让他们从被动学习变为主动学习。

　　在具体的培训形式上，万达不断推出小创意，比如，在小组赢得了万达币之后，可以参与主题拍卖会，拍卖会是让参与培训的学员尽情娱乐的活动，也是培训课程中的高潮部分。很多学员经过了紧张的培训之后，神经一直处于紧绷状态，现在通过主题拍卖会能够放松心情。在拍卖会上，学员可以穿着个性的服装，观看讲师的表演，还有机会得到礼物，这让他们在学习的过程中找到了快乐。

在培训结束后，万达会让学员对每个板块的内容进行考试，然后公布成绩，只有通过考试的人才能拿到毕业证书。很多人将准备考试的过程称为"魔鬼式的学习"，因为在这个阶段，学员要不断强化自身的记忆力，只有通过反复的练习才有机会通过考试。

在学员通过考试之后，万达的营运中心会通过OA下发给学院全国本期的课程回馈，同时要求学员在一个月之内在影城区域进行经验分享，在一个月之后将培训总结上交，目的是运用课程中的分析方法找出影城可以改进的地方，将培训成果直接运用到实践中，而且需要相关数据和图片佐证。万达利用这种交流分享的方式，将培训的内容不断复制和传递，对培训知识进行实用化和可操作化，强化了培训结果，提高了万达影城的业绩。

虽然参与培训十分辛苦，但是也有不少乐趣。比如，学员们要为过生日的同学策划生日会，贡献出各自的创意，制造神秘感和温馨感。有一次在培训现场，培训讲师邀请几位学员上台，在他们发言结束后灯光突然熄灭，随后大家唱起了《生日歌》，背景的PPT出现了台上这些学员的名字。要知道，很多学员为了参与培训放弃了和家人团聚的机会，所以当营运中心的工作人员将生日蛋糕送到现场时，过生日的学员不禁热泪盈眶。

虽然只是一个生日会，却反映出万达独特的培训文化和管理风格：

在工作时拿出不要命的精神，在放松时就要彻底"放纵"。

作为学习型企业，万达很清楚培训和受训未必是相对等的关系，所以培训的目的不是让讲师传授多少内容，而是让员工养成主动思考的习惯，讲师无非起到抛砖引玉的作用，学员才是培训课上的主角。为了加强培训效果，万达鼓励学员进行演练和体验，并让他们分享各自的心得，然后通过讲师的提问激发学员去思考，引导他们在体验中提高职业悟性，打开思路，寻找最佳解决方案，最终促进学员们的共同进步。

万达从不会为了培训而培训，而是将培训成果直接应用在员工的实践中，为此万达成立了中国第一家企业安全培训基地。学员不仅能在那里学到所有的安全知识，还能学会很多实际操作技能，如万达的各种管理系统。

值得一提的是，万达的安全培训基地相当于一个缩小版的万达广场，能够带给学员最直观的体验，所以很容易上手。在安全培训基地里，万达配备了火灾模拟体验区、综合展示区、安全设备实物操作区等，凡是万达广场里有的设备，学员都能接触，甚至连高级的慧云系统都有。在培训基地的中心模拟室里，还有万达的步行街。搭建这样的场所花费了不少资金，万达却舍得投入，因为有了实地体验和操作，才能让学员真正了解各种安全设备和现场环境。

如果为了节省这笔开支，让学员去实体店面接受培训，无疑会干扰正常经营，带来更大的损失，于是万达采用仿真操作系统，既能让新手迅速成长又能规避风险。除此之外，万达还自主研发了中国首个三维虚拟安全培训软件，帮助员工更好地熟悉操作系统。据说，这个虚拟软件只有万达内部的人才有权使用，外人碰都不能碰一下，而且在系统中模拟了一座万达广场里面全部的设施，这种身临其境的培训大大提升了学员的安全操作技能。

　　培训的质量关乎企业的生命周期，万达从员工内心需求的角度出发，和企业需求之间建立结合点，通过科学化和规范化的操作程序，帮助员工获得职业知识和技能，最终促进企业效益的最大化。企业的发展离不开创新，创新的希望又依赖于人才，而人才的养成是由专业培训和实践锻炼共同作用的，只有通过学习型的培训，才能让员工形成自主学习和自立自强的意识，保证万达各个运营团队不断涌入新鲜的血液，维系企业旺盛的生命力。

# 4. 强化自律，减少人力资源浪费

　　曾经有一个辩论题目叫"企业的监督更重要还是员工的自律更重要"，这一辩论题目，反映了企业人才管理中的一个争议话题：到底是管理更重要还是自律更重要？从根本上看，员工养成自律最重要，然而在形成自觉性之前，离不开企业的监督和管理，这对员工来说是一种敦促他们养成自律习惯的手段。

　　万达帮助员工形成自律性的法宝是销项表。销项表是万达日常管理工作中重要的工作表格，大到万达广场的建设，小到公司部门的周会，都要通过销项表来完成。

　　2013年，在青岛的东方影都，万达集团组织了一场阵容强大的红地毯明星秀，邀请了7位国际巨星和近20位华人明星，其中有莱昂纳多·迪卡普里奥、妮可·基德曼、章子怡、赵薇等。在花费这笔资金之外牵涉一个重要问题：如何在这么复杂的活动中调动人力资源，如果有人缺位怎么办，有人失职怎么办？不用担心，万达有一套专门的促进员工自律的手段。万达在每个项目的进行过程中都会用销项表，哪怕是一件芝麻大的小事也包含进去，因为销项表上记载的内容十分详细，甚至包含了吃什么东西、使用什么器具这些内容，通过销项表推动整个项目顺利完成。

以万达的年会为例，通常都需要邀请几位现场嘉宾助阵，而这些内容都要写进销项表里，包括邀请嘉宾的具体步骤，比如，在规定的时间内某某必须出席等，这就需要和一些艺人所在的经纪公司沟通，在接触之后商定出场费和相关要求，最后正式签约。如果有变故或者额外的需求必须注明和解决。这仅仅是第一步，接下来涉及的都是细节，比如，什么时候到场，带多少人，乘坐什么交通工具……不论这些细节有多么复杂，都必须遵守年会召开的时间。

销项表追求的是细节的完善，但细节不是机械化的细节，是要体现出人性关怀和待人接物的细节，比如，乘坐飞机或者火车有什么要求，路上食宿问题如何解决，是否有忌口的东西，这些都要在前期的沟通中明确。对于那些不吃猪肉或者吃素的人来说，这些细节必须记录在销项表上，否则会给对方带来不悦，势必影响到后续的活动和合作。万达通常组织一次大型活动，至少要一个多月的时间，以青岛东方影都活动为例，从红毯秀到现场保安到接待工作一共细化出了3500个计划节点，单单是海外邀请明星的小组都细分为接待组、现场组等。

在做销项表的时候，万达要求每一个组都要写各自的计划书，将他们要做的计划全部罗列出来。从工作内容到标准再到起止时间，每一项都不能丢掉。为了加强监督，每一个项目的最高负责人会定期检查工作进展情况，一周召开一次会议，一天召开一次短会，通过细致的工作加上有效的监督促进项目的最终完成。

有传言曾说，行伍出身的王健林信奉军事化管理，所以万达的员工犯了错误会被抽鞭子。事实上，万达确实是在用"鞭子"管理员工，只不过这是一条无形的鞭子，销项表是"鞭子"，大会、小会也是"鞭子"。王健林也说过：现在人才竞争如此激烈，当然不可能用鞭子进行管理。但是从万达的人力资源管理上看，精神上的"鞭打"是必需的，当然这是一个外在的强化手段，每一名万达的员工在长期的工作中会自动自觉地为自己创造一条"鞭子"，用它来监督自己、提醒自己、磨砺自己。

万达的管理思路是警惕人性的弱点，比如懒惰和拖延症等，特别是对那些刚进入万达不久的员工，他们之前所在的企业可能没有严格的管理机制，所以难免会在工作中有所懈怠。销项表存在的意义就是不断唤醒员工的工作意识、服务意识和团队意识，只有员工的悟性被激活，主动性被开启，才能严格按照工作流程办事。从这个角度看，销项表相当于一个定位仪，它能够帮助参与项目的员工在纷繁复杂的工作中理清头绪、把握全局。而没有条理、失去方向的工作方法必然会导致项目出现偏差甚至是重大失误，万达不允许员工犯这样的错误。

总而言之，万达的人力资源管理是在充分践行运筹学，让每个人都能发挥作用，不让人力资源出现"闲置"或者"低效率工作"的状态，这就是销项表存在的核心价值，也是那条无形的"鞭子"悬挂的关键位置。

和其他企业不同，万达的计划不是一张纸，也不是拍拍脑袋得出的空洞结论，而是一个需要被高效执行的现实任务。很多工作效率低下的企业，只是将计划当成一个实施项目的蓝本，而万达是将计划视作保证项目实施的监督手册和执行指南。

在万达，每一个项目从立项到部署再到落实，都要在初始阶段切实考虑到可操作性，而执行操作的是员工，帮助员工更好地进行操作的就是销项表。二者之间共生共荣，互相促进，没有了销项表的执行，团队就是一盘散沙，没有了执行团队的销项表，也只是一张无用的表格。

万达人力资源管理的核心思想是，让员工自动填补每一个空缺的工作岗位，让他们在主动性和自觉性的推动下积极落实计划。只要万达在正常运行，就会有无数张销项表存在，它们的价值就是让员工找到执行任务的方向和节拍，这两个因素缺一不可。方向，是员工为了完成既定目标而使用的工作方法和工作内容，没有了方向的计划注定无法完成；节拍，是为了最终达到这个目标的节奏，一旦失去了节奏就会扰乱整个计划的推行，或者欲速则不达，或者拖延成祸。

万达需要的是一个自律的员工、一个自律的团队，监管不是目的，而是实现这个目标所采取的必要手段，销项表的存在价值不仅包括促进项目的完成，还包括了员工工作自律性的养成。每一个严格按照销项表进行操作的员工，都会在这一过程中感知、习惯和吸纳万达的作业流程：列好项目清单、明确推进时间、清晰人员分配、细化内容方案……它会让员工知道自己在什么时候做什么事，谁负责哪一块工作，出了问题该采取怎样的补救措施。

为了促使员工养成自律的工作态度，万达在销项表中设定了四大内容。

第一个是事项，它让员工认识到自己将要完成的工作内容，是以服务接待为主还是以技术攻关为主，是面向市场还是面向产品本身，只有明确了这一点才能让员工明确需要规范哪些行为。

第二个是计划完成时间，它为员工指明了一条不可违抗的时间轴，员工无论怎样发挥各自的技能，都要依托这条轴线来完成，脱离这条轴线或者滞后于这条轴线，都是失去自律性的表现。

第三个是完成负责人，它让员工明确责任人，每一个项目包含的内容都是复杂多样的，只有明确了谁负责什么工作，才能让员工不敢推诿他人，强化自律性。

第四个是验收责任人，这是万达对项目的二次检验——在所有项目参与者完成各自的工作内容之后，还需要有人最后进行检验并对这个验收结果负责，明确两项责任：对项目负责和对自己负责。项目验收人会依据目前的推进情况作出相关判断，如果不能按时完成就要在"完成情况"一栏中填写"不能完成"，然后经过上级批准，确定新的完成时间。

以上四个内容的设定，帮助销项表精确地打造出一条行动链，每一个人都有坚守的位置和预期目标，都要在监督和自律中努力完成工作计划。

万达的工程项目的销项表内容更是庞杂，比如，一个酒店项目，会产出105项进展情况，每一个项目还包含各类分支，其中涉及的销项表数不胜数，这并非给自己出难题，而是将工作细化到每一分钟甚至每一秒钟，任何人出现失误都会影响全局。如果有一个项目无法完成，那么将会影响到下一个环节的工作，所以万达的很多工程项目，甚至将门把手这样的细枝末节也一并写入，就是为了让员工明确自己肩负的责任。

万达煞费苦心地培养员工的自律性，就是为了让企业的人力资源提升活性。一个效率低下的企业，员工是"固态的"，他们只会死板、机械地完成工作内容，一旦有外部因素出现变化，整个工作链条就会被扯断、弯曲。对于万达来说，这种问题并不存在，因为每一个员工都是"动态"的，他们不仅明确自己的任务，更清楚整个团队、整个计划的战略部署，一旦有意外因素出现，他们会及时汇报并根据指示尽快做出调整，用自律性督导自己完成工作并用大局观念指导自己不缺位空位，在工作职权内实施相应的补救措施。

万达提倡的"每一件事都有人做"的深层含义是，如果一个项目发生了意外变故，衍生出了额外的工作内容，就会有人查漏补缺、弥补空位，一是因为有销项表的存在，二是因为每个参与者心中都有一条"鞭子"，敦促自己灵活地调整工作计划，为了项目的顺利完成而付出行动和辛劳，这才是万达最终要构建的人才养成管理模式。

# 5. 制度留人是稳定团队的长远之计

当今的市场竞争本质上是人才的竞争，企业能否留住人才将决定着它的市场生存能力。当然，企业能吸引人才仅仅是个开始，能否留住人才更为关键。人才的稳定决定了团队的稳定，也是关系到企业长期发展的重要保障，要解决人才进出的问题就必须树立开放的人才管理理念。在目前的市场经济环境下，单靠待遇留人远远不够，更需要以情感留人作为辅助手段。

众所周知，日本的企业和员工的黏着度很高，日企的一个特点就是擅长对员工打感情牌，注重人情味和情感付出，让员工找到家庭式的情感归属。日本的企业能够产生高经济效益的原因就是其营造了一种家庭氛围，形成了一个娱乐场所，让员工"深陷其中而不愿自拔"。

索尼公司董事长盛田昭夫说："一个企业最主要的使命，是培养它同雇员之间的关系，在公司创造一种家庭式情感。"从这个角度看，企业并非只是员工通过劳动获取报酬的场所，还是应该能满足员工情感需求的场所。一个形成情感共同体的企业，很难想象会让员工产生离开和背叛的念头，所以现在很多企业都注重人才的长期和长效留用，而非一朝一夕的聘用。

王健林说过：管理万达要靠制度，不能靠忠诚度。他承认人性自身存在弱点，性格也会发生变化，所以万达要依靠制度而不是忠诚度留住员工。他认为，一个员工今年有忠诚度明年可能就没有了，遇到金钱有忠诚度，遇到美女忠诚度可能就被丢掉了，只有严格的制度才能更好地进行人才管理。

其实，王健林的这番话和情感留人并不矛盾，因为"一切从情出发"本身就是万达的人才管理理念之一，是公司每年必做的工作，制度不变，以情动人的手段就不会变。只要坚守这个制度，就能增强员工和企业的黏着度，反过来，如果王健林一味强调情感留人却不看重制度，那么情感留人就成为一句空话。

如今，很多企业都号称自己重视"感情牌"，但又是什么时候用得最多？员工提出辞职的时候开始拉关系、套近乎，这不是情感留人，而是打着情感的幌子生拉硬拽强留员工。

很多外人对万达存有误解，认为这是一个纯军事化管理的企业，缺少人情味。万达确实是军事化管理，但是军事化训练的目的是让员工养成自律工作的态度。虽然每一个万达的员工都很忙碌，但在工作之余，他们仍然有机会参与万达组织的各种活动。万达从来不将情感留人当成口号，而是通过各种集体活动加强员工和企业的紧密联系。

了解万达的人都知道，万达的员工很喜欢玩，用他们自己的话说就是：万达的企业活动好玩到没有朋友。众所周知，集体活动是企业联系和团结员工最有效的手段，万达的宗旨是让每一个员工都能玩得尽兴，都能够找到兴奋点，这里涉及很多学问。比如，什么样的活动才算好玩，怎样才能调动所有参与者的兴趣？这是需要认真筹划和谨慎操作的事情，因此万达将每一次企业活动都当成重要的工作去做。

每逢年初，万达都会进行本年度的企业文化活动策划，比如"万达好声音"，这是一个既能提升员工工作能力又能增强其对企业忠诚度的活动，其中的子类活动"最美和声"，是需要参与者合力演唱一首歌曲，既有高音也有低音，只有在声音上照顾别人、弱化自己才能完成协作而赢得比赛。当员工参与这类活动时，会不由自主地养成团队协作的意识，会促进员工在日常工作中强化参与感和忠诚感，形成良好和谐的工作氛围。

王健林在万达年会上曾经引吭高歌，不仅吸引了广大员工，还成功对外推介了万达的企业品牌，通过年会制度强化了以情留人的人才管理策略。

除了年会，万达还经常举办演讲比赛、拔河比赛、长跑比赛以及各种义工活动，覆盖的内容十分广泛，能够让员工在德、智、体、美、劳等多方面发展，而万达最注重的是让每一个参与者都能找到兴奋点，而兴奋点的作用就是触动员工的感情点：一个人只有玩得尽兴了才能产生情感的满足，因此万达会在各类活动举办前认真筹划，确保每一个员工都能玩得开心。

万达对员工的要求是每年至少参加一次义工活动，并非一般意义上的慰问敬老院老人和看望孤儿，而是有特殊意义的义工活动。比如，万达曾经组织过"给老年人圆梦"的活动，从表面上看无非是给老人测量血压和发放慰问品，但是在给老人拍照的时候增加了一个环节：让老人说出自己最想去的地方。义工根据老人们的描述在照片上增添相应的背景，仿佛老人们真的去了这些地方一样。虽然这只是一个简单的PS手段，但是让义工活动变得充满温情。这些老人由于年龄和身体的原因已经不能去他们想去的地方，但是这个创意弥补了他们内心的缺憾，触动了他们的情感，因此当照片被打印出来之后，很多老人备受感动。

万达通过这次活动让很多员工感受到了老年人的内心世界，由此感受到了父母的内心，让他们明白无论人的年龄多大，内心都是有梦想、有愿望的，这是万达组织义工活动的真正目的。

万达还曾经组织过一次"随拍万达"的活动，让员工将自己和万达有关的记忆及职业经历、人生感受联系在一次进行创作，通过搜集资料让员工不由自主地回忆起进入万达之后的点点滴滴，很多人想起了诸如第一次面试、第一次入职等让他们难忘或者啼笑皆非的事情。这次活动获得一等奖的作品是《嫁给万达》，员工通过虚拟化人格，将万达当成一个能够提供给自己富足生活和美好前景的老公，引起了大家的共鸣。

万达曾经举办过一次主题为"万达人过年"的活动，让员工拍摄与过年有关的照片，虽然表面上看没什么创意，却触及了很多来自天南地北的员工的内心，让他们觉得很温暖且充满幸福感。毕竟，中国人的故乡情结是很重的，但是因为种种缘由，很多年轻人不得不背井离乡寻求出路，在忙碌辛劳中度过一年。有的人无法归乡和家人团圆，所以当别人和家人尽情畅聊时，当自己孤独地坚守在工作岗位上时，浓浓的乡愁必定会翻滚而起，这不是脆弱而是人性的真实流露。捕捉瞬间的画面和简单介绍，会让员工百感交集，感受到万达的确一直关注着员工的情感需求。

因为有了情感因素作为引导，大大降低了员工的参与门槛，让万达的企业文化活动顺利落地实施，产生乐趣，从而让员工对万达的感情加深，归属感增强。

万达将每一次企业活动都当成产品来做，让大家带着感情去做，处处着眼于"情"字，既能拉近和员工的距离，又能了解员工的潜藏需求，而那些妙趣横生的游戏也让员工缓解了工作压力。

万达的人才管理原则中有这样一条：不盲目相信任何人，也就是说不假设某一个员工对万达怀有感情，而是通过日常工作、年度活动和其他互动增强和员工的关系。这是一种务实的人才管理观念，倘若万达将每一个员工都想象成和自己同心同德的"有情人"，反而是在自欺欺人，更加不利于和员工建立感情。现在很多企业打着情感留人的口号去随意驱使人才，根本没有从"心"出发。万达则不同，是处处在制度上做文章，不让员工犯错，不给员工离心离德的口实，努力拉近和员工的心理距离，这才是正确的人力资源管理策略。

万达虽然笃信制度的力量，但制度之下是有深厚的情感作为基础的。曾经有人到万达企业内刊部门面试，第一次面试时和人事经理交谈甚欢，将自己最得意的作品展示出来并作了较为客观的评价，但是由于对口岗位没有空缺，而担任面试的部门负责人又觉得白白放走这样一个人才太可惜，就提出让面试者尝试另一个空缺的职位。这对刚毕业的求职者来说是难得的机会，负责人对面试者始终保持微笑和礼貌，并为面试者说明岗位调换的实际情况，让面试者提升了对万达组织架构和企业文化的了解，最终甘愿放弃预期的求职岗位而入职万达。

据面试者回忆，万达人力资源部门给她留下了很多好印象：严谨、认真、温和、礼貌、亲切。可见，万达在面对真正的人才时，能够既坚守原则又不失灵活，懂得爱惜人才，懂得用制度之下的情感留人，将每一个有志在万达工作的人团结在一起。

# 6. 激发员工潜能，带动企业活力

很多企业抱怨员工不能胜任岗位要求，没有发挥出真正的才干，其实这并非都是员工自身的问题，有时也是因为企业没有找到激发员工潜能的关键点。从人才管理的角度来看，需要建立激励体制维系员工的工作热情，然而很多企业制定的规章制度看似完美却难以执行，员工的工作积极性如何能提高？于是，一些企业开始盲目学习融创、碧桂园等企业的高佣金激励手段，为了提升员工的工作积极性使出加薪升职的"两板斧"套路，结果将员工的胃口养得越来越大，问题越来越多，最终事与愿违。

其实，大多数员工的工作目的并非只是钱，他们对个人的发展空间和价值实现有深切的要求，不了解员工的真实需求，只想着通过经济手段进行刺激，这种简单粗暴的方法无疑不能真正激发员工的潜能，也达不到人才管理的终极目的。

员工没有潜力，苦的累的是老板，是团队的负责人，不相信员工具备潜能，只好将重要工作捏在手里自己去做。这种大包大揽的做法，既给员工不被重用的失落感，又增加了负责人的工作量。而且从现实的角度来看，任何一个人都无法胜任所有工作，一个合格的企业能让员工尽心尽力地主动完成工作，而不是依靠几个负责人做"职业保姆"。

在人才管理制度方面，万达采用了军事化管理和高度集权化的管控手段，只有一部分工程管理和销售政策赋予区域公司较大的权力，其他多数决策和职能都交给集团掌控。为此，王健林这样描述万达的制度："万达制度的最大特点是能用、好操作，所有制度为有用而设，不搞形式主义。在万达，事项、标准、考核、审批流程等，所有的内容都非常直接，一针见血。"

简而言之，万达通过集权的人才管理让操作流程变得简单，而越是简单的操作越能让员工集中精力发挥其优势，因为一个复杂的操作流程会分散员工的注意力，消耗他们的工作热情，潜力也就无从激活。而且，规避形式主义的管理套路会提高实用主义的管理价值，让员工更重视结果，强化他们为完成目标而付出努力的意识。

一般来说，员工没有爆发出潜力也和企业文化有关。有些企业喊出了很漂亮的口号，却流于表面而变得空洞。还有一些企业虽然大张旗鼓地宣传企业文化，却不过是打打鸡血，没有将企业文化和人才管理制度有效地结合在一起。万达推行企业文化是为了促进员工自身的发展，激活员工的潜能，只有将企业文化的精髓注入管理机制中，才能形成规矩，让员工养成工作主动性。

员工没有潜力，也和工作目标不清晰有关。某些企业的员工是有工作热情的，但是他们没有明确自己的工作职责和工作范围，多做了没有报酬和奖励，少做了也不受惩罚和批评，时间一长自然就养成了惰性和推卸责任的习惯，这是企业没有进行目标管理或者是对目标的设置不够科学造成的。人才管理必须为员工树立明确的目标，让员工积极参与到执行目标的过程中，才能让企业和员工从思想层面做到结合，才能真正调动员工的积极性。

每年9月，万达的全部业务系统都会制订第二年的工作计划，然后与高层、中层和基层等多个部门进行为期两三个月的论证，最终交由董事会讨论决定。从计划制订上看是全员参与，涉及的部门不仅有集团计划部、成本部、营销部、财务部，区域公司的工程部和成本部也要参加，一旦进行改动将会推翻全部的论证和数据，只能重新开始。

万达如此重视年度工作计划的制订，就是为了让员工明确工作目标，通过漫长的讨论和博弈能够增加员工参与决策的机会，这是现代企业管理的特色。这样既能激发员工的工作潜能，还能让员工深切感受到参与感，将企业的战略目标和员工的个人目标有机结合，从而让员工产生责任感，增强主人翁意识，有利于工作流程的缩减和工作效率的提升。

想要真正激活员工的潜力，必须有完整的制度进行保障，这是建立参与感、工作目标和企业文化的根基。万达的人才管理制度通过表格来完成，既能让工作内容清晰明确，还能节省讨论时间，降低操作难度，什么情况下奖励员工，什么情况下增加员工的工作量，都能一览无余。

万达始终坚持制度建设，而这个制度不是一成不变的，是根据企业发展状况和市场环境随时调整的。按照惯例，万达每两年会修改一次现有制度，因为企业的发展离不开任何一个部门的协同，而一旦某个部门出现问题就会影响企业这辆快车的行进速度，凡是跟不上速度的制度都必须废除或者修订。

随着万达发展速度的加快，制度的可调节性变大。当然，如果频繁地修改制度，比如一年一次的话，又会使人力成本增高，而三年修改一次又会与时代脱节，所以最终敲定了两年修订一次的规矩。

能够合理地调整企业管理制度，是确保员工潜能持续被激活的外在条件，能够让员工始终具有参与感并更加明确工作目标，更能从认识层面加深员工对企业的认可度和接纳度，有益于增强员工和企业同步成长的黏性。

员工的工作潜能事关企业的执行效率，所以万达将公司的基本原则视为制度的修订大纲，在具体执行上采用军事化管理，用公司明文规定的内容规划战略方向，哪怕是某个部分的负责人临时发布了命令，也不能违背制度的总方针。简而言之，万达的制度代表着至高无上的权力，有了制度做保障，才能让员工放心大胆地按照公司既定目标去工作，发挥自己的才智和潜能。

万达不仅对员工进行潜力激发，在万达学院中也有对学员进行激发潜能的独特教学手段，让学员产生对自我能力和自我价值的强烈认同。比如，万达曾经推出的"万达之道"，就是以现场嘉宾访谈和学员互动为主要形式的新型跨界教学模式。节目以"生存之道、成功之道、快乐之道"三个方面内容为主题，通过对现场的员工进行提问和情景解读等方式，一起讨论有关工作中遇到的问题和心得体会，让有经验的员工分享在万达工作的智慧，传播企业文化，让学员迅速学习并掌握相关技能和知识，为他们日后在工作中开发潜能奠定了基础。

万达学院的"我是潜力干部"更是直指员工技能的提升，它是有关干部选拔和竞聘的实战模拟课程，采用了最先进的测评技术，比如，对行为风格测评的DISC和案例分析以及角色扮演等，通过和实战相结合的方法进行全程跟踪拍摄及多方位评测，挑选那些有发展潜能的学员，让更多学员在参与的过程中自发性地将自己想象为公司的骨干，增强他们对职业潜能的自我挖掘。

万达学院的"微电影学管理"是让学员对日常工作中遇到的实际案例进行思考从而总结出最佳的解决方案，对这个过程进行编排和再创造，形成剧本并自导自演成微电影，通过学员之间的讨论和老师对知识点的讲授，分享彼此的心得经验，提升工作能力。

万达学院的"任务树"也是一种激发工作潜能的活动，通过综合项目计划模块化管理，让员工明确集团对各部门的要求，为了完成这些要求会将任务分解，员工在这个过程中能够充分掌握工作重点和努力方向，通过梳理资料让大家对全年的工作内容有感性的认识和理性的分析，让学员形成专业化、技能化的工作意识，激发他们不断提高自身能力的意识。

万达学院的"解决之道"更是激发员工智慧的培训活动，它凭借结构化方法，提出创新解决问题的方法和具体问题的化解方案，通过学员们的讨论找到问题发生的根源并形成共识，既能够整合学员的思想认识，又能激发他们对问题的思考和不同观点的评判。

总之，万达无论是对有工作经验的正式员工还是处于学习期的学员，都竭尽全力促进他们从认知到实践的能力培养，最终唤醒他们的潜能，为解决企业发展遇到的各类难题做好准备。

现在很多行业的市场竞争都进入"白银时代"，经济收益大不如逝去的"黄金时代"。和粗放型经济时期有很大差别，随着竞争对手的增多和行业集中特性的增强，企业赢利变得越来越艰难，依靠传统的人治手段而忽略制度保障，难以提高员工的积极性，只有让员工做事有章可循、有制可依，才能保障他们的工作效率处于高水平，让企业的人才管理井然有序，企业效益才能得到保障。

# 7. 巧用企业活动增强员工忠诚度

如果把企业看成是一部高速运转的机械系统，那么员工就是促进这台机器正常运转的润滑剂，没有润滑剂或者润滑剂过少，都会造成机器运转失效甚至彻底报废。但是盲目追求润滑效果而不注意用法和用量，多余的润滑剂也会造成机器的腐蚀和资源的浪费。如何让员工的润滑剂效应充分发挥，最好的办法是组织各类企业活动，增强员工的活力。

企业活动是润滑员工和员工、部门和部门以及公司和社会走向和谐关系的保障，还能够增强上级和下级、员工和员工之间的了解，加深友谊并增强团队凝聚力。特别是对那些人员数量众多、机构繁杂的大企业，一个员工很可能只了解本部门和关系部门的员工，对于其他部门的员工比较陌生，如果彼此之间的性格存在较大差异，很可能会产生一些误解，从而影响工作的顺利开展。作为企业，应该多组织一些员工活动去化解这些问题，宣扬正能量。

当然，企业的员工活动要和公司当前的发展状况和经济效益相结合，既不能组织得过少也不能组织得过多，过少会弱化"润滑"作用，过多又会造成不必要的资金浪费和精力损耗，影响正常工作。

万达十分重视员工活动，而且创立出了自己的活动组织原则：一是要让员工玩得尽兴，二是要让活动具有一定的社会意义。2014年，万达举办的最大一次活动是"万达好声音"，这项活动是模仿"中国好声音"之类的选秀节目，让有歌唱天赋和兴趣的员工参加，展示自己和团队的风采。从内容上看这类活动并无创意，如果搞得平庸就失去了意义，也不符合万达的人才管理需求。

为了寻找创意，万达的策划部门观看了海量的国内外著名歌唱比赛和选秀比赛的赛制和规则，选取那些具有代表性的案例作为参照的样板，同时结合万达员工的自身特点，为参赛者设计了能够充分调动他们积极性的比赛方式，并最终根据万达的企业文化形成了初步的计划。在整个计划中始终贯穿一个核心：让员工在活动中找到兴奋点。

不要小看这个兴奋点，从认知心理学的角度看，一个人会对让其产生兴趣的人物、事件进行记忆和情绪关联，也就是说他会牢记某一个幸福时刻的相关人和事，套用在员工身上，就是能够记住带给他们欢乐的某一次员工活动。

万达将员工的兴奋点当作设计活动的切入点，是一种谙熟心理机制的高明做法。在选取了具有兴奋点的活动之后，万达的策划部门开始了头脑风暴，为了保持大家贡献好点子的积极性，不会立即上报给高层审核，而是要进行至少三次的大讨论，最后将最佳方案上报。这就是万达的企业文化宗旨：让员工玩着玩着就把问题解决了。

为了让员工的兴奋点达到最高，万达会让"玩"变得没有边界。2014年，万达搞了一个"笑脸墙"的活动，构建了一面由海量照片组成的网络笑脸墙。这不是一个简单的图片集合，而是一件富有创意的艺术作品，每一张照片都能从小到大、由远及近，像电子地图那样呈现出一种纵深表现的视觉效果。在笑脸照片上传后，员工还能够对自己的照片空间进行美容，并且在留言区保留自己最想说的话。

到目前为止，万达已经有超过6万名海内外的员工上传了他们的笑脸，该活动成为万达内部影响范围最大的员工活动。当然，万达搞笑脸墙也是为了冲击吉尼斯世界纪录，而且随着上传笑脸的照片和评论区的留言增多，万达还专门为此配备了相关的APP软件，帮助使用者点赞和评论。通过APP软件的开发，万达发现他们拥有了一个出色的企业社交系统，这能够让活动在持续开展的过程中更好地实现预期目标。

万达通过组织员工活动，产出了创意内容，让参与创意和执行创意的员工得到了思维能力层面的拓展和提升，帮助他们在其他领域进行高效思考。而且，万达从来不会轻视任何一次活动，即使规模很小也给予足够重视，用他们自己的话来说，就是让每一次活动都搞得像节日庆典一样。万达通过对这些活动方案的设计和整合，实现了各个部门和各个区域公司的有效联动，更强化了万达在员工管理方面的主旨思想：员工的事没有小事。这既是一种严谨的工作态度也是对员工的尊重，因为这些活动能够让员工找到归属感和认同感。

王健林一直将企业文化活动当成一项日常工作来抓，这不仅因为他是一个K歌高手，还因为他是一位优秀的企业管理者，他深知这些活动能够以不高的投入换来极大的回报——员工对企业的忠诚度增强，自然会产生更高的工作积极性和更强的职业责任感。

除了组织员工文化活动之外，万达的义工活动也在国内十分有名。早在1994年，万达就成立了企业义工组织，领先于国内其他企业，在全国范围内开展了义工活动，到目前为止有将近1000个义工站点，义工的总人数超过了10万，成为全国首屈一指的企业义工团体。万达对员工的要求是，只要进入万达就必须参加义工。如果不能接受这条规则就不能被录用，在续签合同时会强调这条规则。

义工活动虽然不是文化娱乐互动，但还是得到了绝大多数员工的认同，因为做义工能够收获和参加文娱活动不同的体验。万达的义工活动也有一个演化进步的过程，早期的活动随意性较大，基本是扫马路、捡垃圾之类的服务性活动，后来万达发现这种活动缺乏教育意义，于是就在各个区域公司设立了定点帮扶机构，对需要帮助的群体和地区进行援助。当年大连普兰店市（现为普兰店区）的一个乡，在万达多年的帮助下，人均收入有了大幅度的提高。还有南宁项目公司的义工站，常年对一所希望小学进行帮扶，后来该公司被评为广西示范义工组织。

万达的"心灵之旅"是一个创新的公益活动，坚持了10年时间，活动内容是每年每一个区域公司对一个贫困地区进行访问，让那些长年工作在二线以及二线以上城市的员工了解贫困地区人民的生活，切身感受城乡差别。为此曾有万达的员工撰写了一篇文章，描述访问贫困地区的感受，并向公司提议多举办这类的公益活动。通过这些公益活动，员工和员工之间统一了价值观，在帮扶活动中唤醒了其公共意识和奉献精神，也加强了员工对企业的忠诚度。

万达不仅自己组织义工活动，还在全国范围内举行义工联动活动，涉及范围达到了100多个城市，其中有关爱打工子弟学校活动，这个活动的初衷是因为万达有地产项目，很多施工人员都来自农村，而他们的子女在城市入学存在困难，受到的教学待遇、质量也很差，所以万达会定点帮助某一个打工子弟学校，由此产生了正面的社会影响力。

当今社会，物质生活相比过去有了大幅度的提高，吃饱穿暖对很多非贫困地区的人来说早已得到满足，但是人们的精神生活普遍空虚，特别是在利润至上的企业当中，员工和员工之间、员工和上级之间的利害关系显得尤为突出，这造成了"一切向钱看"的负面价值观的全面覆盖。而一个人越是看重金钱，越不可能对企业产生依存关系，他们会将个人利益得失放在首位，一旦不能满足就会想方设法获取更大的利益，这也是很多私营企业人员流动性高的主要原因。万达通过义工活动，逐步传递给员工追求精神世界圆满的价值体系，弱化对金钱的盲目追逐，最终受益的是企业，造福的是社会。

## 8. 盘点万达的20条"天规"

国有国法，家有家规，店有店章，每个企业都有不同的规章制度，但不是每个企业都真的弄清了"规矩"二字的含义。规矩是企业长期发展过程中形成的运行标准，是企业领导为规范下属工作行为制定的法则。一个懂规矩的企业会让员工把规矩磨炼成自主性的行为习惯。如果一个企业制定了严格的规矩却没有人遵守，这个企业本质上是没有规矩的。站在全球角度看，越是有规矩的国家，在政治、经济以及文化等方面的发展会越出色，其民族凝聚力会越强，比如，新加坡、德国、日本等；而越是有规矩的企业，才越能成为长开不败的百年老店，比如，IBM、花旗银行等。

万达在员工管理方面做到了立规、敬规和守规。所谓立规，就是有20条铁打的"天规"，"天规"二字用意深刻，意味着任何人都不能打破；所谓敬规，是通过长期有效的推行让每一个员工敬畏规矩，不会以身试法；所谓守规，是员工在遵守和践行的过程中对这些规矩产生了深度的认同，最终能够自觉地严守规矩。

万达的20条"天规"具体如下。

第一条至第三条：公司利益高于一切；团队至高无上；用老板的标准要求自己。这三条是一组。

没有企业就没有员工生存和发展的基础，个人利益必须服从企业利益，二者之间发生冲突，势必要让位于大局，否则企业垮了，员工也就失去了生活的来源。第二条是依托企业这个最大的平台之上的各个团队，不管你是生产还是销售，抑或是客服，你所在的团队就是你的阵地，如今市场经济环境下，唯有依靠团队才能发挥个人的能力。至此，或许有些员工会有些微不满：为什么我们一定要牺牲个人利益去成就企业和团队的利益呢？答曰：用老板的标准要求自己。从情理上看，老板是和企业利益深度挂钩的，所以当你用老板的视角和思维去看待问题时，自然会放弃小利、谋求大利。个人利益终究要依托在企业利益的获得上，不用老板的心态去为企业着想，企业落败了，员工的利益又何从谈起呢？

第四条至第六条：把事情做在前面；响应是个人价值的最佳体现；沿着原则方向前进。

企业总是要求员工敬业，然而敬业不是一句空话，是要员工在别人做事之前就要提前完成，体现出足够的主观能动性。能动性从何处而来？是由员工对企业关注度而来，不了解企业的发展大计，不遵守团队的阶段性目标任务，就是不懂得和企业响应、互动而脱离了企业，没有了水的鱼，自然只能干渴而死。万达提倡企业和团队发出倡议时，员工能够最快地作出反应，敢于迎难而上，善于未雨绸缪，这才是一个员工对企业的最大价值。当然，再快的响应速度也不能游离于规则之外，一个员工的能动性要受到原则性的束缚，上到企业的年度发展计划，下到团队的季度指标任务，违背这些要求和指令单干，做得再多也是无用功。

第七条至第十条：先有专业精神，后有人才；规范就是权威，规范是一种精神；主动就是效率，主动主动再主动；任何人都可成为老师。

企业需要人才，但更需要有专业精神的人才，一个销售经理的能力再强，但是跟客户谈了几个回合觉得已经拿下的时候，也许客户又和竞争对手挂上线，这时候没来得及巩固和客户的关系或者及时签约，那么这个销售经理明显缺乏专业精神，而不是缺乏专业技能。这种人注定成为团队中的分母，其虽然能为企业做出一定的贡献，却无法成为关键节点上的决定者。

万达要求员工具有专业精神，本质上是要求员工具有服务精神，一个有着服务精神的专业人才，才是能将工作效率最大化的精英。既然提到专业，就涉及另一个问题——规范。专业是一种职业素养，而规范是一种职业操守，做事不规范的人，只会受到打压和否定，因为他们没有养成对工作行为的格式化，用随意的态度做事，否定权威，这是处事和为人的失败。要做到既专业又规范，需要员工的主动性。万达的价值观就是：主动的人才是最有智慧的人，他会成为团队中的核心人物，会成为同事的可靠战友，更是老板眼中可托付大业的人。具有主动精神的人，每时每刻都在成长，他们不依靠运气，主动创造机会。既然具有了主动性，就应该将任何人都看成自己的老师。不必要求他们处处强于你或者在某一处强于你很多，只要他们能在你最需要帮助的问题上提供合理的方案，这个人就是你的老师，是你提升自我的台阶。

第十一条至第十四条：做事三要素——计划、目标和时间；不要解释，要结果；不要编造结果，要卷起袖子干活；推诿无效。

万达是一个极其重视计划的企业，它能够计算出第二年某个店面的开业时间。没有计划会失去方向，失去方向就失去了动力，而计划需要依据一个具体的目标产生，且要在预期内完成。因为市场竞争可谓瞬息万变，一分钟的懈怠可能会造成一个月的利润沉没。然而不是所有计划都能如期完成，甚至可能完全失败，这时候需要这个团队，从负责人到执行者不能有任何借口，因为再让人泪奔的理由都不能掩盖一个事实：企业想要的结果未能实现。为了这个结果，所有人必须使出全力，如果你不想接受被抨击、被降职、被扣提成的结果，你就要重视追求计划的过程。正如万达经常提醒员工的那句话：业绩会说话。当然，为了一个结果而编造各种理由，是缺乏责任心的表现。一个产品经理不能无理由地担心某个新产品会让客户反感，不能凭主观臆断去提出反对意见，他要有实验精神和冒险精神，除非他能拿出科学的反对理由，因为一旦形成了先入为主的思想，成功率会极大地降低。如果真的失败了，员工或负责人都不能推诿，否则会造成团队不和谐，还会让犯错者无法认清错误而继续犯错。

第十五条至第十六条：简单简单再简单；做足一百分是本分。

很多人自以为有点小聪明，会在计划之外走些捷径，以此减少付出。现实的情况是，花哨和夸张的做法都是节外生枝，每一个敲定好的计划，每一个约定俗成的规矩，都是经过成千上万次的尝试和验证确定下来的，不会因为你的小聪明就被颠覆，所以一定要用最简单且不会牵扯到计算外因素的做法去完成任务。那么，如何来评价一个被完成的任务呢？是打一百分吗？当然不是，计划的目的本来就是完成任务，按照计划完成只是预期得到满足，并没有真的体现出来自你个人的智慧、能力和辛劳，仅仅是完成了计划内的工作，只有打了一百零一分，才能体现出你在任务中的用心和付出。

第十七条至第十八条：做人要低调，做事要高调，不要颠倒过来；沟通能消除一切障碍。

万达需要的是一个成熟和谐的团队，而不是某一个能力突出的精英，只有保持低调做人的态度，才能保证团队的稳定运行，才能赢得个人的荣誉和口碑。然而在做事的时候，需要的则是积极的态度，要让团队知道你在做什么，让负责人随时了解你的工作进度和遇到的困难，从而对你进行指导和帮助。说到底，要懂得和团队成员及客户沟通，只有让人们了解你的想法和目的，才能促进任务的顺利完成。

第十九条至第二十条：从业人员首先是台宣传机器；永远保持进取，保持开放心态。

万达无论做地产、商购还是文化，都需要员工为企业的口碑作宣传，因为每一个员工都是万达流动的广告牌，无论身在何处都要发挥推广和普及的作用，可以说是唱赞歌，绝不能保持低调，这是一个万达人的基本素质。不过，在向别人宣传之前要让自己相信万达的品牌感召力。在你和企业真正融为一体之后，要保持进取心和开放心。进取心是相信企业会发展，会带动个人前途的上扬，这样才能让你自己获得收益，因为由锻炼得到的技能企业留不下，老板抢不走；开放心是一种平和心，即能够接受别人的批评和意见，这样才能快速地成长，紧跟万达发展的步伐。

中国自20世纪开始崛起的企业，很多都是昙花一现，能够在红海中屹立不倒的，都是规矩严格的，比如联想和海尔。一部企业的现代发展史就是一部行规的发展史，任何沧海桑田的剧变之下，都会有湮没无闻的大小企业。万达设定的20条"天规"，其实就是让员工在规范化的环境下逐步形成自主性的习惯，从而增强和企业的联动关系，延长企业的发展周期。正如商鞅变法的第一步就是立规矩，然后将规矩贯彻下去，做到深入秦民之心，提升了秦国的凝聚力和战斗力。"令行禁止"不是"偷一罚十"的暴力推行，而是在内心认同层面的坚守。

# 9. 信任是凝聚人才的关键

在人才任用方面，万达制定了很多严格的制度作为保障和审核标准，除了使用审计人员进行审核之外，更重要的是通过管理层的领导以身作则，去督导执行层的员工沉下心做事，让员工从意识层面认同企业的管理制度，用王健林的话说就是要进行自我更新。自我更新代表着制度修订，这个修订是为了让员工自动自觉地执行。

万达虽然采用军事化管理，但对待员工并非都是高压政策，而是运用信息化的模块管理方式，也就是说让员工主动地工作。

万达以"信任"二字作为对员工的基本认识，让他们用积极的工作态度作为回报，建立企业和员工之间的深度认同。只有让员工敞开心扉，才能感受到一种工作的积极性和力量，这比单纯采用军事化管理更有效。

万达在内部努力给员工营造一种"没有不可能"的氛围。曾经在武汉实施一个项目的时候，正好赶上天降大雨，虽然政府帮助万达组建码头和游船，但根据当时的情况进度显然慢了，结果万达仍然如期完成了项目，可见执行效率有多高。

王健林说："人生追求的最高境界是精神追求，企业经营的最高层次是经营文化。"他认为，现在企业竞争的形式已经从产品延伸到了企业文化和品牌等多个方面，从经验管理上升到文化管理层面，创建和谐良好的人际关系和优厚的物质待遇，更能够带动企业文化的整体提升，从而真正吸引和凝聚人才。他还说："员工是不是愉快并不在于活动多不多，关键是公司风气正不正。"其实这说的就是企业文化对员工的约束力。形成了良好的企业文化氛围，员工就充满正能量，就能在各种工作中最大化地发挥主观能动性，提高工作效率。

万达增强员工对企业的忠诚度的武器是建立信任关系，因为只有建立良好的信任氛围才能促进企业的良性发展，虽然有奖罚分明的管理机制做保障，但软、硬都不可或缺，利用信任拉近员工和企业的心理距离，才能最大限度地降低人力资源成本。

万达在选人问题上向来十分谨慎，为此拟定了两个标准：一个是用"好人"，另一个是"用好"人。所谓好人是指万达需要的各个岗位上的精英，这些精英不仅要具有很强的个人能力，还要拥有良好的品行道德，尤其是涉及企业机密的财务、研发和销售等，只有道德素质较高的人操作才能避免发生问题。另外，企业和员工难免会产生矛盾和摩擦，员工的个人选择也决定了他们会离开万达进入其他企业，如果员工不能站在客观的角度看问题，很容易将怨气撒到企业头上，很可能会利用多年的工作经验做出对企业不利的举动。更重要的是，万达的竞争对手时刻盯着万达的员工，如果一个人心术不正，很可能会被对方用各种利益引诱，给万达带来意想不到的麻烦。因此，一个具有良好操守的员工，才能守住最后的职业和道德底线。基于这些原因，万达在挑选人才的时候，一定会考虑专业技能和工作经验之外的因素，那就是人员的基本道德素养，这就是"好人"的重要性。

同样，光有好人也是不够的，还需要正确地使用人才的方法，任何一个企业都或多或少拥有属于自己的精英分子。像万达这样的龙头企业更是人才济济，那么如何让这些人才的能力真正发挥出来，这是万达需要考虑的一个实际问题。在具体操作的时候，存在着一些风险性，处理得当能够降低管理成本，如果处理失当，会给企业带来难以估量的负面影响。因此，万达本着尊重人才和信任人才的标准与员工沟通、互动，这样才能利于营造和谐向上的工作氛围。

除了给予员工信任感之外，万达还在不断谋求建立一种良性关系：企业和员工的合作关系模式。从雇佣方式上看，企业和员工是雇佣和被雇佣的关系，但本质上还是合作关系，企业可以炒员工的鱿鱼，员工也可以炒老板的鱿鱼。然而一部分企业的管理者却并没有认真看待这个问题，即使认识到了也是难以做到。他们总是单纯地用雇佣和被雇佣的关系去衡量企业和员工的关系。这样一来，就会形成"我出钱你出力"的狭隘认知，将员工和企业的关系完全用金钱来量化，这是非常可怕的。一个企业要想发展壮大，需要的不仅是员工卖力，还需要员工真正站在企业的角度去思考问题，关注企业的未来发展，也就是让员工和企业融为一体，让他们将自身的利益和企业的利益紧密联系到一起。

事实上，员工喜欢相对稳定的工作环境，没有谁喜欢跳槽，所以从心理动因来看，员工是渴望在一个企业长久地工作下去的，甚至有人会想着一直干到退休。然而很多老板却没有这种意识，他们认为员工只是花钱雇来干活的，对员工缺少必要的尊重，甚至怀有一种轻视。一旦产生这样的想法，就会产生相关的行为，反应再迟钝的员工都会感受到，继而他们也会将自己的利益放在企业的利益之上。因此，作为企业的管理者，一定要调整好自己的心态，用一种合作的态度去看待员工和企业之间的关系，这样才能让员工以更高的姿态去关注和爱护企业，才能将企业的百年发展大计当成自己奋斗终生的事业，才会付出努力，为企业创造更大的价值。

在万达流传着一句名言：别怕员工赚到钱。很多私企老板很难理解这句话的深意，因为大多数老板都怕员工赚到钱，认为员工只有在社会地位和经济收益远低于自己的情况下才容易被操控，然而事实并非如此。员工赚钱无非有两种可能，一种是公司制定业绩考核出现失误，导致员工所得薪酬高于企业发展的获利比率；另一种是企业的整体效益很好，让员工得到了丰厚的资金回报。如果出现第二种情况是正常的，员工只有随着企业的发展才能提高待遇，这样会敦促他们积极地工作，而员工赚得越多，意味着企业收入越多。但如果出现第一种情况就危险了，需要企业及时调整和修改奖惩机制，避免让企业利益受到侵害。

想提高员工的工作积极性，就要让企业在产品和市场之外的领域下更多的功夫，尤其是在员工的身上下足功夫，最简单的方式就是提高待遇，而待遇势必由员工为企业创造的利润和价值来衡量。无论从哪个角度来看，员工赚钱和企业赢利都不矛盾，反而在有机协调之后会促使二者关系变得更为紧密。

企业发展需要借用各种资源，有资金资源，有客户资源，有技术资源，还有渠道资源，等等，然而最重要的还是人力资源，因为没有对企业负有责任感的员工，任何一种资源都会被挥霍浪费或者不能物尽其用，只有通过培养和员工的亲密度及彼此的信任感，才能帮助企业将所有资源优化整合，在市场中占据一席之地。

## 第二章

# 战略的深度决定企业的高度

> "
>
> 职业经理人谁好就谁来，只要维持一个强势董事会就可以。
>
> "

# 1. 历史数据是未来发展的重要参考

数据管理是企业信息化建设工作中的重点，只有将数据管理和企业生产有机结合，才能提高企业的赢利能力。想要对数据进行科学管理，必须上升到战略高度才能形成正确的认识。数据是企业管理的基础，一切有关企业日常运营的资料都需要汇集成数据。有些企业没有做好数据管理，不是因为没有完善的运行机制，而是因为没有高效的执行效率。只有健全管理制度，成立专门的数据管理部门，严格控制数据录入环节，提升人员素质，才能做好历史数据管理。

王健林在2014年万达半年工作报告中提到，下半年集团总体目标是资产超过5000亿元，收入1519亿元。这些数字并非王健林随口一说，而是经过了认真严密的统计得出的。对于很多企业来说，这些看似简单的数据并不容易获得，而万达是经过了内部各个系统、部门进行的数据论证得出的结果，其中最重要的组成部分就是历史数据。万达对历史数据的重视程度达到了"死抠"的地步，不仅要"抠"到去年、前年，还要"抠"到前五年、前十年。

2014年，万达在国外接连收购了很多黄金地段，包括美国的芝加哥和洛杉矶、西班牙以及澳大利亚等项目，在外界看来是一掷千金，其实花的每一分钱都是经过认真考虑的，并且经过了事前的论证和预测，每个项目在中标之前都经过了十几次的测算。万达通过这种精密的测算才能真正了解付出了多少土地成本，进而了解整个项目的成本以及最终收获的利润。对历史数据的积累和分析，旨在帮助万达做好计划。

一个海外收购项目，从表面上体现的是一种经营业态，从深层次上说，反映的是一种历史数据管理的能力。万达院线能够遍布全国，是因为它能够对各行业的生态有整体和细节的了解，像购物休闲、行业资讯、轻消费品等，都是在基于最全面的调查分析之后建立了合理的生态系统。万达院线的全部收入，除了从每个店分析得到的总收入之外，财务部门还会做很多分析工作，用他们内部的话说就是 "都能刨到祖坟上去了"。

以万达广场为例，万达会将每一个店面的历史数据和过往增长比例、今年的增长比例进行对比，找出其中的偏差并进行分析，得出一个科学比较的结果。然后，万达会对市场总量进行分析，比如，国内近几年票房的增长趋势，如果达到了20％的增长幅度，那么在万达的票房占比会推导出一个相对应的比例，万达为了保证这个占比的存续必定要作出规划，从每一个业态的横纵两个方向进行调研、考察以及核算和总结。紧接着，万达还要对未来进行预测，比如票房收入之外其他卖品的收入状况如何，万达都会进行历史数据的搜集和整理，如果卖品达到了一定占比就要进行分析，为何有的店面占比大而有的店面占比小？最后，万达会将历史数据和企业战略相结合进行分析，比如，2016年的测算相比2015年的比例是否有所提高，是通过哪些措施提高的，等等。

万达在统计历史数据时非常重视细节，比如在计算营收方面会从宏观和微观两个角度看，会将整体收入按照店面和收入的类别分开，从而保证预测的科学性和准确性。

万达每个区域公司的收入计划，都是根据海量的历史数据得出结论，成本的可控性更强。万达在做2015年的预算时，会参考2014年、2013年、2012年、2011年的数据，这种分析不是简单的数据堆砌，而是将每一个数据都揉碎到不可再分的程度。比如万达在计算人员编制时，会考虑到员工的工资多少，今年涨多少幅度，明年准备晋级的幅度是多少。

以万达院线为例，在播放电影时需要一个昂贵的设备，叫"氙灯"：一种通过氙气放电而发光的电光源，也就是观众在观看电影时让银幕更加明亮的东西。这种灯造价不菲，如果使用周期是6000小时，那么到底是准时更换还是6500小时更换，如何准确界定？在寿命未尽的时候晚更换几个小时相当于节约了成本，如果早更换就增加了成本，因为产品存在个体差异，6000小时的使用期限也只是一个参考，但是有了大量、细碎的历史数据作为蓝本，能够得出更精确的数据，比如6200小时，能将成本控制到最小。

换个角度看，历史数据管理是对企业最好的监督，它让员工不敢随意乱报数据，比如报出一个氙灯5500小时报废，如果历史数据中没有这项记录，那么这个上报的真实性和可靠性就值得怀疑。

历史数据的管理就是让企业了解，当实际操作和历史数据产生偏差的时候有一个正确的衡量标准，从而得出一个充分的理由，这样才能让企业的运营更具有可控性和可操作性，各分公司以及各部门的计划会更加准确。

万达广场之所以做得那么成功，是因为进行了历史数据的收集。万达采用这种模式，进行了七个方面的历史数据收集。

第一个是大会员体系历史数据管理。万达会整合全部有效的数据并归纳到大数据的数据库中进行处理，构建了万达对历史数据管理的基础。

第二个是租赁过程的历史数据管理。万达会不间断地统计从商户进入广场开始到退场等过程中产生的团队变化、进出货变化等，从中调查出货的变化时间段和季节销售情况。

第三个是品牌建档历史数据管理。万达对旗下的品牌进行精确的划分，同时根据顾客的年龄段、消费额和客流曲线定位品牌，为将来的发展提供数据参考依据，让万达广场达到最佳的运营状态。

第四个是城市的历史数据统计。每一个万达区域公司所在城市信息都不能忽视，万达会对其进行抽样调查，比如城市人口、GDP和相关的城市政策，从而对下一阶段政府的扶持政策进行预估并了解城市的整体发展动向。

第五个是历史POS机交易数据。万达广场的商户都使用POS机，将商户在不同时段和位置以及业态的销售数据进行整合，最终归纳到大数据的数据库中。

第六个是客流监控历史数据。万达会对广场的客流量、分区域和业态的客流数据以及每家经营店铺的客流数据进行统计，通过整合这些历史数据，能够为未来经营提供参考。

第七个是顾客Wi-Fi跟踪数据管理。万达广场建立了大Wi-Fi和大会员的体系，能够利用Wi-Fi对广场内的智能手机用户进行追踪和捕捉，从而了解他们的行踪路线和关注的商品以及消费习惯等，通过所有的会员体系掌握会员的相关信息和产品偏好。

目前，万达的历史数据管理处于探索和研究阶段，在进行历史数据分析时会依据历史数据库的信息作出有效的判断，对各类工程项目作出合理的规划，并对未来的运营策略进行针对性的调整，对未来战略的发展方向提供明确的意见。万达根据这些历史数据，能够对未来增长进行精确的预测。

加强历史数据管理符合大数据时代的潮流，万达的目标就是从现在开始改变传统的决策方式，一切用数据来说话，用数据来决定未来的发展方向。

## 2. 敲定的计划一个标点都不能改

企业发展计划是一个企业未来发展的命脉，关系到成本控制、市场占有、客户定位、竞争策略等多方面工作的开展。然而有的企业做计划并不细致，通常是脑袋一拍根据经验敲定一个计划，开始实施之后又发现不适合，于是马上进行调整，导致之前的分析讨论都成了无用功，而且在匆忙之中又难以合理调整，结果计划被改得千疮百孔、漏洞百出，甚至还不如调整之前。这种做企业计划的态度会影响企业的营运稳定性，也不利于团队稳定，是企业计划管理的严重失败。

万达十分看重计划管理，当敲定全年销售的利润计划、现金流计划之后，哪怕再改动一个标点也是不可能的。因为年度计划制订需要三个月的时间，从每年9月开始，各个业务系统会列出下一年的计划，经过高层和基层、同级别部门之间漫长的讨论和谨慎的论证得出结论，最后交给董事会决策，无论是万达的计划部、成本部、营销部门还是财务部都要全员参加，改变一条都会让整个计划受到影响，之前的论证和数据都要被推翻重来。一个开业计划发生了变化就要连带工期进行调整，投入成本的预算也要调整，正所谓牵一发而动全身。

自从2013年中央的"八项规定"颁布并实施之后，国内的酒店和餐饮等行业发生了一些变化，但是万达酒店没有进行相应的调整，指标也没有发生变化，虽然距离最后指标完成还有2%，不过从整体消费环境来看实属不易。那么问题来了，在消费环境发生变化的前提下，万达为何不对既定计划进行调整呢？

首先，一项指标是经过多次讨论得出的结论，具有高度的准确性和科学性，是万达根据多年市场经验所得。其次，万达对成本管理做得十分到位，万达的酒店和院线做得成功的一个重要原因是花最少的钱办最多的事，因此在市场环境发生变化的前提下，万达的成本管理依然体现出明显的优势。

王健林曾说：没有不可能，一旦确立目标，每个人只为完成任务想办法，绝不会为完不成任务找借口。王健林的这番话在万达已经变成一种意识主导，让每一个万达人都明确一点：不能完成共同目标是一种耻辱。当然，在几十年的企业发展中，万达也绝非一次计划都没有调整过，但也只有一次。

2010年，由詹姆斯·卡梅隆执导的电影《阿凡达》风靡全球，对中国的票房影响很大。在2011年进行数据统计时，由于要进行严格细致的分析，所以对2010年爆发式的数据判断出现了偏差，导致指标定得比较高，后来万达意识到这种预估会对下一年的工作计划造成负面影响，也脱离了一般的市场规律，所以进行了调整。

虽然人们常说计划没有变化快，但这并不能成为无法完成计划目标的借口。一个合理的计划，应该考虑到实施过程中会遭遇的变量，如果没有将变数考虑进去，这个计划本身就存在着严重的问题，至少可以说是不完美、欠考虑的计划。万达的计划管理就是要让计划能够跟得上变化，这是万达吃透历史数据的表现。有了经过精密分析的数据作为依据，就能结合往年的市场环境状况对"变化"进行预估。

万达广场从拿地到开业的开发周期通常需要两年的时间，最短也要18个月，平均时间是22个月，这种惊人的开发速度依靠的就是前期计划的周密性和精确性，堪称完美的布局，如果轻易改动，一定会引起连锁反应，影响万达的发展进程。

首先，万达的计划管理讲究纵向依靠强管控，横向依靠强协同。尤其是商业项目，进度是维系项目完成的重要保障，万达根据不同的节点采用了不同的管控和监控方式，确保在每一个节点上都能完成计划的每个步骤。在横向上注重相互协同的关系，因为计划不可更改，只有各部门互相配合才能确保工期进度，比如施工图，责任人是项目公司设计主管、设计部经理等，每一个人都把控着一个节点，节点出了问题势必影响整个计划的执行，所以责任人会受到惩罚。这就是万达式的计划管理模式。

其次，万达通过合理化的编制确保规则的完整和细化。万达在做计划编制时，综合体项目都要按照八种不同的计划模板来操作，同时结合实际情况由项目管理中心组织项目启动会，在项目摘牌后一个月的时间内完成计划编制，这是因为在计划敲定之后，为了确保项目顺利进行而采取的计划外再计划的手段，是一种保障措施。这种管理方式会让更多的部门参与进来，并进行可行性的推演和论证，为计划的后期执行做了保证。另外，为了让规则明确，万达草拟了常见的七种特殊情况，只有符合这七种情况才可进行微调，其他情况则一律不允许，为的就是让执行计划者无推脱的借口。在明确了相关原则之后，万达会将工作压力层层传递给各个部门，让大家明确自己的工作职责和范围，加快工期进度。

再次，万达会依靠超常规的工作缩短前期的工作时间。在万达的一级计划中有这样的规定：交地后75天土方开挖，融资证件交地后60天完成。如果按照一般的程序进行操作，万达很难保证在规定时间内完成开业计划，所以万达会在实际操作中采取非常规的手段，也就是发挥各部门的主观能动性，抢前期时间，一旦拿到地马上开工。

万达抢进度是为了保证计划不变，但是需要强大的团队管理来保障。为了让项目顺利进行，万达要求项目班子在项目摘牌前60天就开始进行，在摘牌前30天完成，至于其他的环节，比如，工程和设计、成本、财务等牵涉的人员，万达规定要留出两个月招聘时间，确保人员最终到岗，这是一种团队组建前置的策略。

除此之外，万达还进行设计前置，要求在摘牌前20天组织规划设计启动会，在交地后5天完成总图指标签批移交，这些工作进度已经领先其他企业3个月到4个月的时间。一般来说，项目都是在全部或基础图纸完成后才开始施工的，然而万达制定的22个月的工期不能出现这种情况，所以推行了分段出图的手段，确保施工先完成土方开挖图以及桩基图等，而不是上部设计都完成后才设计基础和围护。同时，万达会加强与当地政府的关系和沟通策略，在商议开业时间之后，与政府相关部门进行对接，在获得绿色通道之后快速审批、快速通过，确保工期进度。

最后，万达通过加强考核环节来明确岗位责任。计划不能变，人心须稳定，万达为了保障项目的最终完成，采用严格考核的方式进行驱动，并明确了集团和项目公司层面各责任主体负责的工作内容。一旦确定了责任人，万达会对不同节点设定考核分值，比如，第一级的节点是15分，第二级的节点是10分，第三级的节点是5分，同时出台了红、黄两大亮灯机制，对相关人员予以警示。这样一来，每一个部门、每一个岗位上的参与者都能明确自己下一步的工作内容，一旦拖了团队的后腿，是能够在信息化系统中发现的，而且黄灯达到一定数量之后会在总裁办公会上进行通报，整个团队都会群策群力研究解决方案。如果出现了红灯，大家就要及时吸取教训，争取将落后的进度抢回来。此外，每到年底，万达会针对各个责任人的计划达成情况，获得一个不同的分值，最后形成个人年度计划系数，与全年的奖金挂钩。这种强有力的考核机制加强了执行效果。

万达正是通过自上而下的方式明确责任划分，采用科学管理的方式提高计划的达成率，同时也修补了各个环节中可能存在的漏洞，形成了滴水不漏的计划管理体系，最终确保了"一个标点都不能改"的强势管理法则。

## 3.　民主式讨论，独裁式决策

民主是现代企业管理中的核心组成部分，是体验企业先进管理理念的表现。民主管理必须与现代企业制度建设相融合，才具有现实意义和生命力。所谓民主不是一句口号，也不是政治宣传的手段，而是要在企业的各项管理工作中有所体现。现代企业想要谋求健康发展，注定要将民主的基因融入自身的血液当中。

与民主相对立的是独裁，有人认为既然提倡民主，就应该反对独裁，然而民主和独裁的关系并不是非此即彼的对立关系。纵观中国互联网企业的掌门人，很多都是"独裁分子"：马云虽然在表面上不独裁，甚至还辞去CEO的职位，但是他只要振臂一挥，阿里集团的人还是会跟着他走；周鸿祎、刘强东也都是"独裁者"，然而他们管理下的企业并没有走向末路。

曾经将乔布斯驱逐出苹果的苹果公司前CEO约翰·斯卡利说过这样一句话："成功的科技企业里没有民主！"对这句话的正确解读是，在那些成功的高科技企业里不可能存在民主，只要拥有一个优秀的领导者就好。

通常我们所说的企业民主，是企业活动中员工的民主意识和主人意识，是一种"以人为本"的价值观，是一种长期养成的行为规范。从某种意义上讲，民主和独裁在现代企业中是并行关系，民主是自下而上的管理反馈，独裁是自上而下的管理实施，如果只有一个力的施展方向，这个企业迟早会被顶破或者坐穿。

民主是美好的管理概念，从理论上说没有错误，但在现实中没有多少成功的案例，那些我们熟悉的企业似乎都和我们想象中的民主相差甚远，所以有人提出更先验性的观念：没有民主并非独裁，只要让那些优秀者具有一定的话语权且受到足够的重视，就已经实现了民主。

在企业管理中，适当的话语权会让员工产生被尊重的感觉，从而会更加乐于服务于自己的公司且能够在这个过程中感受到快乐。所以企业的民主和独裁的正确关系是：一定的民主意识是确保企业健康发展的必要条件，而非全面地推行民主。

万达是一个注重民主的现代企业，尤其是在复盘中，由于要反思过往，总结经验教训，所以采取了民主讨论和独裁决定的双重办法。企业进行复盘的目的是让好的、成功的经验形成一种制度，为日后的操作进行指引，从而创造出更多的财富。

万达的复盘管理方式是，在各系统提交资料之前就要进行讨论，讨论某个议题需不需要展开，如果展开的话按照什么顺序，需要上报几个，在这个过程中经常会发生争执，而争执恰恰说明万达不是"一言堂"，每个人都可以发表自己的意见。即便如此，将这些争吵过后得出的结果提交到集团时还是会发生争吵。那么问题来了，这样的民主讨论最终以何种方式收场呢？

王健林曾经就此问题提出过自己的看法：每个会都需要有一个副总裁去牵头。牵头的目的是什么？是去拍板决定。这体现出王健林对复盘的重视，也是对参与复盘的全部人员作了提示：一旦有能拍板决定的人到场，就会将这些争吵的结果形成决议性的内容。

万达的每一次民主讨论，最终都会形成一本精美的小册子，上面收录了参与人的个人观点、想法以及相互辩论和交流中得出的新观点和新设想。这本小册子会发给万达的各个项目公司作为案例指引，里面的内容全都是实践换来的"干货"，可以通过它对比每个人的工作进展情况，也可以通过它去思考未来的战略计划，员工有什么疑问都能从中找到最满意的答案。小册子之所以有如此内容丰富的总结，是因为万达充分发扬民主精神。

在万达的复盘会上会采用这样的工作流程：第一部分是决议建议，针对那些犯错的地方提出补救和解决的方针；第二部分是经验总结，要将那些有价值的经验保留并传播；第三部分是外部反馈，要让万达每个系统和部门站在别人的视角去看自己身上的问题，有利于形成完整客观的结论。最后汇总出来的建议，包含了不同岗位、不同人格、不同能力和不同阅历的参与者的建议，能够像精确的指北针那样引导着万达朝正确方向行走。

曾经在万达组织的一次文化节结束后，按照规定举办复盘会，会上提出让参与者找出至少两点不足并提出三点建议，于是每一个与会者都尽情"吐槽"，根本不用担心为谁保留面子或者维系人情关系，否则复盘会就失去本来的意义。在"吐槽"的过程中，每一个与会者都可以在自己的工作范围内找出"槽点"，如有关文化节的主题logo设计，如文化节举办的场地，如文化节召开前的预热度等。"吐槽"结束后，复盘会根据事先确定的重要性进行排序，将每一个人"吐槽"的问题和贡献的建议都收集整理，根据实际情况落地实施。

如果你没有经历过这种"吐槽大会"，你肯定会觉得十分"恐怖"：复盘会自始至终都是简单粗暴的语言，没有什么精雕细酌的遣词措句，而且这仅仅是部门内部的复盘会。当这些收集的意见和建议上交到集团之后，全部系统的主要负责人都会坐在一起，然后将之前提交的内容排好顺序，按照重要性一个一个"过筛子"。每个部门的负责人先是简单汇报一些工作经验，虽然在复盘会中这不是重点内容，却是必不可少的，因为光是"吐槽"而不谈成功之处会释放过多的负能量。在主要负责人谈完经验和业绩之后，就是将所有的问题进行沟通的环节，由于会议气氛比较轻松自由，所以免不了会发生"争吵"，特别是很多意见和建议触及一些人的根本利益时。

在2009年之前，万达内部的项目公司和商业地产管理公司并不存在任何验收程序，也就是说商业地产管理公司只能接受一个他们无法怀疑和否定的结果，好或者不好都要忍受。后来万达意识到这里面存在着问题，就让双方进行分析和讨论，能够及时纠正一些错误并遏制某些问题的出现，而这个改变正是因为之前的一次复盘会，当时在会上有人明确提出：缺乏验收程序会危害万达的根本利益。由此可见，复盘会能够帮助万达查漏补缺，对企业制度的完善有着极其重要的意义。

由于采用民主发言的方式，在复盘会上通常会围绕一个问题争执很久，即使如此，万达也不认为会浪费时间，转而将大大小小的问题都展开讨论，最终形成很多表格，在会后加以监督。当然，有些问题由于牵涉的利益层面比较广，所以比较难以解决，一两次的复盘会未必会有结果，这时就需要在决策层中敲定终极解决方案，而不是一味地继续民主讨论。

　　从另一个角度看，万达召开复盘会讨论某一个问题，让与会者产生关注点，产生思考欲，这个价值要超过复盘会上收集的意见和建议的总价值。因为每个人都在民主讨论的过程中加深了对企业的了解以及对各部门、各系统的认识，认知能力提高了，解决问题的能力也就增强了，后续再遇到棘手问题也会迎刃而解。

　　万达曾经在一次复盘会上提出推动多系统的"营销联动"，也就是让全员一起营销，这样做的效果是阵容强大而且能节约宣传成本。现在每到节假日，全国的万达百货和院线都会进行这种营销联动，然而当时这个问题被提出后并没有马上得到万达的回应，而是用了独裁的方式做了回答——暂且搁置。随着时间的推移和经验的累积，万达又将这个搁置的问题拿出来进行修改并最终敲定了实施方案，让营销联动成为万达的常态化推广手段。

　　万达通过民主的方式将管理层和执行层的意见和建议全面释放，又在决策层的斟酌和谋划中最终形成企业发展战略的组成部分，这不仅是数据管理的成功实践，也是信息交换管理的突破，更是团队沟通管理的胜利，意义深远。

## 4. 四次转型，活化管理和经营的联动性

在互联网经济的影响下，很多传统企业都在进行反思：面对互联网公司的"碾压"该如何反抗？面对消费群体养成的网购习惯该如何引导和扭转？于是，越来越多的企业开始谋求转型，而转型对企业自身管理而言极为重要，一个不能及时对业务范围和技术手段进行调整或者升级的企业，注定是一个失败的企业。

转型对企业来说意味着机遇和风险并存，不转型可能被市场浪潮吞没，而转型失败同样可能被竞争对手击败，转型和升级对企业来说是痛苦的，更重要的是会让之前积累的经验无用武之地，在未知的领域遭遇未知的风险。因此，怎样回应挑战和改变自我，是很多企业都要面对的现实问题。对于万达来说，从名不见经传到世界级企业，是通过四次重要的转型实现的。

1988年万达集团成立于大连，到目前为止已经成为中国商业地产行业的龙头企业，拥有五星级和超五星级酒店、上千块电影银幕、上百家连锁百货和量贩KTV的企业，形成了商业地产、高级酒店、文化旅游和

连锁百货四大核心产业。

万达的企业管理最大的特色就是以多变来应万变，在成立后的20多年间，万达进行了四次转型，每一次转型都衍生出一个新的商业模式，产生不同的产品，实现了企业的阶段性跨越，最终成长为一个"巨无霸"企业。这种成功的企业管理方式就是不断鼓励自身进行革命，而革命才能体现出一个企业的旺盛生命力，也是企业能否在激烈的市场竞争中立于不败之地的决定因素。

万达的第一次转型发生在1993年到1999年，转型的方向是从区域性公司变为全国性公司。

1992年邓小平南方谈话之后，万达从大连转战到广东，这是为当时形势所迫，中国第一代民企都产生了跨区域发展的意向，而当时经济环境、政策环境最好的地方是广东沿海等地，万达没有墨守成规，也没有抱着制定好的计划表不放，而是根据国家政策走向将发展的方向改为广东。由于当时地方政策的壁垒限制，万达未能在当地工商局获得注册资格，但是万达没有放弃转型的目标，通过一个华侨房地产公司成立了一家分公司，拥有了一个账号并握有管理权，独自承担风险，由此成为国内第一家跨区域发展的行业企业。

尽管这次转型没有给万达带来大收益，却使其获取了跨区域作战的经验，也明确了目标。从1997年万达大规模进行跨区域发展开始，万达确立了从区域品牌升级为全国品牌的目标，修订了原有的战略计划管理方案，力争做一个从几十亿元到百亿元级的公司。而且，从一个城市的公司升级为全国几十个城市的几十个公司，要求万达在企业管理方面必须作出更深度的变化，而相应的企业文化也要进行调整。

万达的第二次转型发生在2000年到2005年，转型方向是从住宅房地产转向商业地产。

这次转型源于万达的两个员工身患重病，花费了公司300多万元，这对一个民营企业来说压力是巨大的，因此万达打定主意要获得更稳定的现金流，这样才能保证公司人员在扩大的同时不会受制于意外因素的影响，能够维系正常的资金周转。经过讨论，万达决心向不动产转型，虽然这次转型十分困难，但万达还是从中摸索并积累了经验。

当时万达在沈阳建立了第一个店，最后经营失败，亏损了10亿元左右，还以被告的身份上了200多次法庭，这也从侧面反映出企业转型是企业定位管理中难以操作的一环。但是经过一番探索之后，万达在2005年终于转型成功，对外打出了"国际万达，百年企业"的旗帜，获得了全新的商业模式和新产品——城市综合体，推动万达成为全世界最大的不动产公司，也催生了企业文化的根本转变。

万达的第三次转型发生在2006年到现在，转型方向是进军文化旅游产业。

2005年，万达在房地产和商业地产领域做得有声有色时进行了第三次转型，围绕着不动产向文化旅游进军，将单一房产转变为商业地产和文化旅游的综合性企业。这是万达危机管理的结果，当时万达对中国的房地产和商业地产行业进行了细致的分析，并研究了英美等十多个国家的历史，最后发现这些发达国家的房地产产业成熟期都是50年，在此期间大规模发展，然而一旦过了这个热潮则会持续走低，而中国距离这个节点还有10年的时间，之后或许整个行业将会萎缩。

万达决定向文化旅游产业转型，一是因为文化旅游是长寿行业且具有资源稀缺性和不可替代性等因素，比如长城和故宫，另外文化和旅游的口碑传播效果最好，也容易得到地方政府的支持，操作难度较小。为推动这次转型，万达进行了全方位的产品创新，将自己的知识产权变为不可代替的旅游产品，比如主题公园等，要做类似迪士尼一样的世界性知名乐园，这也是万达品牌管理创新的重要步骤。尽管这一次转型还在进行之中，但这条战略路线已经确定。

万达的第四次转型发生在2014年到现在，转型方向是升级为跨国企业、高科技服务业。

需要强调的是，万达的第三次转型和第四次转型是先后开始、同步进行，而万达的第四次转型是想从中国企业变身为跨国企业，从以房地产为主的企业升级为高科技服务业。此时，万达已经积累了足够的转型经验，也在战略目标管理、品牌创新管理方面有了深层次的认知，尤其是对国际化和互联网等概念的认知发生了变化。2011年，万达并购美国电影院线和英国的游艇公司，随后每年都有海外并购项目，根据预测，到2020年万达将有20%的收入源于海外。

"互联网+"是万达的另一条战略新路线，目前万达已将电商当作集团的四大业务之一，而万达采用的营销模式是O2O，也就是线上线下一体化。现在万达O2O重点做的两件事中包含了线下消费者体验的增强和忠诚度以及探索互联网金融的大方向。一旦万达将这些O2O业务形成规模之后，就会获取更为详尽丰富的客户数据，将其加入互联网金融业务中，完成商业闭环。

万达能够从一个地方性的房地产企业升级为全球性的商业地产公司，有赖于四次转型的有力推动，虽然第三次和第四次转型还在进行当中，但已经为万达的企业发展产生了推动作用。四次转型是万达在企业战略目标管理上的突破，也是在企业文化管理层面的拐点，正是有了对市场环境的洞察力，才让万达在战略目标管理上敢于破局，谋求突变，继而制定出符合时代特征和市场经济环境变化的新布局方向。

　　转型是企业管理的先导，而不具备谋划能力的企业无法实现转型，也难以做好管理工作。随着商业环境复杂性的加强，任何一个企业单靠一种商业模式就能吃饱的时代将一去不复返了，只有用长远、变化的视角分析当下的处境，企业才能在企业战略管理方面敢于颠覆过去、投注未来，从而在风险中获得最大的稳定，实现可持续发展，这既是企业的一种自我拯救，也是企业引领行业突破惯性思维的变革之道。

## 5. 创新的前提是清除旧思想

企业的管理制度是永恒不变的话题，而管理制度的优劣也直接影响着企业的发展，对管理制度的创新是企业进步的驱动力，也是企业增强核心竞争力的关键。创新对了就能赢得跨越式的发展，而创新失误可能错失良机甚至倒退。一个优秀的企业要学会把握创新管理的方向，要将创新思维融入企业管理的每一个环节之中。

在信息化、市场化日益加强的时代背景下，企业要获得可持续的发展只有在理念和技术以及制度等方面同步创新才能形成体系创新，而制度创新是核心。没有制度的监督和保障，一切创新都是空谈。

制度创新是企业管理创新的基石。现代企业制度创新是对企业的生产方式、经营模式以及管理理念等高层建筑进行重新设计，是将思维创新、技术创新和组织创新活动进行制度化和规范化，这样才能真正引导思维创新和技术创新等其他方面的创新，是实现管理创新的前提。

万达的创新不是为了创新而创新，而是要构建能够实操的制度。所谓实操就是有可操作性和适应性。从王健林接手万达的那天起，就出台了"加强劳动管理的若干规定"。经过25年的发展已经建立了完整的制度体系，每两年进行一次修改，从王健林到总裁、副总裁以及各个部门领导全部参加，修改时间通常在每年9月，经过三个月的时间完成。目前万达全部系统的制度一共有200多万字，但这也并不意味着字数越多越好，只是随着业务的不断发展，配上足够的字数才能将一件事情说清楚。

企业管理创新是为了更好地执行目标和完成任务，这个可操作性胜过一切，而不是单纯提出要适应时代，因为适应时代是一句空话，会产生无数个切入点。而万达是注重务实精神的企业，比如万达商业地产投资制度，在14年前就将投资中可能遇到的问题制作成"商业地产投资100问"，5年前又重新整合为"商业地产投资50问"，其中包含了土地、配套、地下等多方面的内容。万达每到一个地方开发项目，都要对这些问题进行调查与核实，比如土地是否达到了"七通一平"的标准，相关配套是否全面，土地建设成本如何，等等，这些问题都不能用模棱两可的话来回答，只能用准确的数字。万达的制度制作得十分周密，这样做的好处是一旦人员发生了变动，任何人都能够轻易上手操作，因为只要他们认真阅读了制度总结就知道该如何去做。

万达的规划设计制度将万达广场和酒店进行三个等级的划分，每个等级都制定了相应的强制性条款，比如荷载、外装、景观、层高等规范标准，所以很多人对万达地下停车场的评价很高，因为万达的停车场高度是4.8米，超过普通地下停车场1.2米，这并非在浪费空间，而是为了在日后停车位不够用时建设机械停车位。两个车位可以做出五个机械停车位，一个停车场就能够增加70%的停车位。

目前，万达商业管理公司位居前列，成为世界范围内最大的商业管理企业。回顾万达发展的历程中形成的招商、装修、开业等十几本制度，均配备了操作流程和图例。比如一本开业手册，就将很多商家进场到开业的几百个环节都罗列出来，详细到了每个星期做什么的程度。哪怕是完全外行的员工，只要按照制度照做就不会出问题，而且万达已经让制度进入网络，方便网络操作，这种制度极大地避免了形式主义，具有极强的实用性。

在万达流传着一句话：不给员工犯错的机会。这句话可以体现出万达的用人制度的精髓：致力于防患于未然，目的是避免员工犯错，而不是通过事后惩罚让他们注意，这是王健林依靠制度管人而非忠诚留人的思维体现。他认为制度设计要具备一个前提：不相信任何一个人会忠于万达，所以要通过制度让他们的行为忠于万达。现在万达每年投资额超过千亿元，每年要开设二十几个广场和十几个酒店，从建设行业的角度来看，全球都会出现各种问题，特别是设备招投标、施工队伍以及材料采购等，所以万达特别注重品牌库制度管理。

万达广场已经成为很多城市的中心辐射区，可谓寸土寸金，面对如此多的商家，万达及时建立品牌库，招商有商家品牌库，设备有设备品牌库，几乎每一个部门都配备了品牌库，而只有位列前三的企业才有资格进入万达的品牌库，只有品牌库中的企业才有资格参加万达的招投标。同时，万达的品牌库每年审核一次，一旦发现品牌库中的商家存在行贿行为或者质量较差就立即拉进黑名单，永不再用。如此严格是为了提升工程品质，同时还能降低成本。举个例子，每年万达购买电梯的花销就是十几亿元，如果采用集中采购的方式，则会低于市场价的50%。

目前，万达的全部招标工作都通过网络进行，这是为了避免招标部门和商家见面，做出一些私人行为。而且，万达针对财务和成本人员推行了轮岗制度，每三年调动一次岗位，如果不愿意接受就直接解聘，形成了企业文化，成为一种强制制度，目的是防止员工在某个岗位时间长了滋生腐败。

由于每年工建项目很多，直接牵涉与很多工程队伍对接，万达就采取长期战略合作的模式，只选择中建系统一、二、三、四、八局进行合作，这些特大型的施工企业成本高于地方企业至少十分之一，不过万达却舍得花这笔钱，且从2002年开始一直坚持到现在。在万达最初进行招标的时候，万达广场和万达酒店的成本模块和造价标准创立以后，推行了有差异化的标准，目的是弄清酒店成本的造价，所以通过议标的方式规避了一些不科学的手段，比如低价中标，这样做虽然降低了成本，可最终却影响了工程质量。

当万达和工程队伍签订合同之后，每年给每个局上百亿元甚至几百亿元的工程量，让对方十分重视这种战略合作关系，也通过合作了解了万达的企业文化，假设万达有哪个工程项目比较着急，合作伙伴会不计成本地进行协助，因为他们知道就算这个项目没有什么利润，但万达有大量的工程要做，不愁没有合作项目。

万达在项目建设中一直坚持一个原则：弱化总经理个人权力。这样做虽然在某种程度上限制了个人创新的空间，却保障了制度的巩固。

万达的制度创新，最终是为了打造一种更具优势、更高效的管理体系，从而综合协调万达上下管理层和执行层的权力和利益关系，让万达具有更高效的管理能力。管理制度创新的核心是观念创新，而万达正是因为抛开了传统的、非实用性等因素的掣肘，抓住机遇不断更新自身理念，将自身的技术优势不断强化并对企业内部资源配置进行调整，进一步挖掘了企业潜力，才最终促进其长远发展。

# 6. 调整商业模式，寻找创新拐点

万达商业现在是全世界规模占据商业地产中最大的企业之一，万达有一个口号是："万达在哪里，哪里就是城市的中心。"这并非万达口出狂言，在很多城市都已得到了证明。目前，万达的O2O模式也正在逐步走向正轨，万达电商和快钱也一并发展，这意味着电子商务也成为万达未来的发展重点。

万达的商业模式管理决定着它的发展速度，总结起来主要体现在六个方面。

第一，资产模式管理，从重转轻。

2012年万达收购AMC，打造了长白山滑雪场，这从侧面反映出万达已经将经营重点转向文化旅游。万达这么做的目的是规避重资产的短板，完善商业模式管理布局。因为重资产是凭借投资地皮和建立商圈实现赢利的，虽然利润丰厚但是发展速度较慢，而且直接受到国家政策的影响，还要承担负债率增加的风险。出于减轻压力的目的，万达决定对商业模式进行调整，从重资产转向了轻资产，这样能促进万达迅速进入中小城市从而快速占领新的市场。

第二，客户目标管理，明确自身定位。

企业只有正确定位才能具备飞速发展的基础，这也是目标管理中最重要的组成部分。如何打造商业模式，关键在于能否进行商品创新并通过创新获得利润，从而满足客户需求。也就是说，商业模式管理要从客户目标管理入手，如果没有明确客户定位就贸然进入市场参与竞争，后果不堪设想。虽然很多企业都知道客户就是上帝，但并非每个企业都能管理好客户目标的设计。万达对客户有了准确的定位才能有的放矢，为客户提供最优质的产品和服务，满足客户期望，也能顺利从客户身上获取反馈信息。

万达将自己定位为中端消费场所，这是其迅速发展的主要原因。在万达广场中，70%的商家适合70%的消费人群，万达提出这个有关70%的理念，是因为它在招商和业态组合中必定保证商家到哪个城市都能保有客户群，这样才能促进万达广场的快速复制和发展。在万达看来，两个70%的定位意味着要放弃一部分客户群体——最高端和最低端的客户。万达没有选择最高端客户，是由万达广场的业态组合决定的。在天津的万达广场曾经出售过高级商品，效果很不好，证明业态组合被破坏会带来严重的后果，而放弃最高端客户是万达保证业绩增长的基础。

第三，业态模式管理，商业和地产相结合。

衡量一个房地产企业是否可持续发展的关键指标是土地储备量。现在万达基本由万达百货、万达金街和万达酒店三大块构成，形成了完整的商业地产产业链条，凸显了产业集团的最强竞争力。特别是将房地产信托基金当作工具之后，万达成功实现了资产优化布局并持续赢利，虽然只出租不销售的商业模式会延长资金回收周期，然而万达选择成熟资产打包成信托投资基金，再进行销售和融资，享有了大量的现金流，维系了企业正常的资金运转。

万达的购物中心是其获利的主要途径，所以在"商业+地产"模式中，购物中心能够将物业的价值最大化，提高可售房产的部分毛利率。由于万达开发的物业包含着不少出租和自营的部分，资产周转效率不高，对保持资金链的流畅要求较大，因此购物中心的类金融业务能够帮助商业地产开发释放压力。这种丰富的业态体系构建，对万达广场的商业产生了强大的拉动力，增强了项目竞争力。

商业模式管理一定要建立在企业经营目的基础上，要能满足企业发展的需求，所以任何一种商业模式都具有适应性和周期性，这也是商业模式管理的意义所在，一旦相关影响的因素消失后就会破坏商业模式的运转性能，所创造的利润也会越来越少。

随着经济环境的变化速度加快，企业的商业模式周期变得越来越短，需要不断适应市场和社会的变化。万达对自身业态模式的管理正是创新商业策略的表现。如果采用模糊的业态组合方式，只能陷入低层次的价格战中，造成恶性循环，反复消耗企业的生存成本，距离最终的战略目标会越来越远，企业的可持续发展也无从谈起。

第四，战略目标管理，借助优势创造优势。

万达的投资策略是长线投入，成为城市的经营者，它的发展战略是拿到大宗土地作为综合性开发的资源，可以在某些城市凭借工程项目对区域产生影响力，而这个战略目标为它的商业模式管理制定了清晰的蓝本，让万达在实操中有明确的抓取点。比如，在沈阳铁西万达广场，万达和当地政府合作改造开发工业老区铁西，不仅实现了优势互补，还通过政府的信誉和行政效率建立了可持久经营的企业品牌。由于万达广场以商业地产业务为主线，它的商业模式是多元化发展战略，包含了产品的多元化和市场的多元化，自身的经营范围不断扩大，有利于培植长期的发展优势。

万达的商业模式是根据企业发展战略来决定的，而商业模式的设计和竞争策略以及战略计划三个要素才能共同组成适合企业发展的完整策略，对商业模式的管理也必须从这三个点出发。

商业模式管理的另一个意义是对资源进行整合，资源整合的前提是有效的计划管理，而万达在这方面的严谨性超过了很多企业，始终保持着和企业战略的高匹配度。万达城市综合体的成功运营正是将资源整合发挥到了极致，为万达在行业中的适应能力提供了温润的生长环境，也促进了商业模式管理能力的增强。目前，万达城市综合体在获取土地、建设开发、业务拓展以及客户资源等方面都建立了多个优势。

第五，商业价值管理，品质生活。

商业模式的成果要通过实施的商业计划体现的价值来判断，万达在开发项目时总是有清晰的价值目标，比如，在沈阳铁西万达广场的建立过程中，万达制订了细致的重建计划，目标是改造老工业城区并在开发过程中谋求新的商业生存发展模式和居住理念，让不同收入状况的家庭都能享受品质生活。万达作为城市的建设者，为客户提供的是系统化的工作、休闲和娱乐的居住方案，目标是构建新时代的中国城市生活，让万达的客户在生活品质上得到提高，继而树立良好的城市品牌形象。

第六，收益模式管理。

万达的战略是在其开发的城市综合体项目中将购物中心做大做强，比如，在沈阳铁西的万达广场中，由于是老工业区，增加多少个百货商店并没有现实意义，也不能改变商业和居住的格局和品质，只有打造强大的购物中心并构建完整的商业业态，才能最终建立万达的商圈。这是基于收益回报的思考与策划行为，正是有了它作为执行的依据，万达才推行了购物中心带动周边商业的开发模式，进行一整套的城市综合体的相关设施的建立。

万达依靠对商业模式的不断完善，推进了商业模式管理在意识形态上的升级和革新，为企业的经营、销售、融资等多项工作的创新进程做了充分的铺垫，也帮助万达的创新管理工作找到了新的拐点。

# 7. 升级和转型同步，构建战略管理

万达的商业地产能够始终保持高速发展，既有国内经济高速发展的大环境的作用，也有政府货币政策、信贷扩张以及房地产市场一度繁荣等因素的推动，因此给了万达和经济形势建立统一战略目标的可能，构建了一套完整的战略转型管理模式。

为了跟上经济形势的变化，万达在企业转型战略方面谋划了更为长远的布局，一个原因是万达意识到经济环境正在朝着新的方向聚集转变之力，而国内的经济状况和房地产市场也面临着中低速发展的局势，另一个原因是万达的企业发展战略和执行体系产生的业绩和过去相比有了明显的差距，越来越难以实现年度业绩目标。因此，随着万达企业战略转型的脚步加快，如何对企业升级转型进行管理，成为万达能否最终完成转型的关键。

除了顺应企业长远战略布局之外，万达的升级转型还有两个目的，一个是在短期内增加现金流量和流速，减少在不发生债务崩溃的情况下的债务收缩，另一个是对现有发展模式进行调整，让企业保持增速态势。为此，万达实施了"5+2"的升级转型策略，其中五项内容为升级部分，两项为转型部分。

万达的五项升级策略如下。

第一，裁减自营主力店，缩小万达百货的整体规模（店数和单店规模）。这样做的目的是及时止损，减少现金消耗，空出经营面积，通过万达购物中心已经集聚的自营力重新招商，从而提高租金等收益，支撑万达的资产价值。

对自营主力店的管理，涉及能否快速实现部分现金流减少亏损的工作。至于能否在短期内快速增加现金流，单纯依靠管理手段很难做到，因为一旦万达百货关闭之后，空出的面积过大，想要在短期内通过快速招商填补空缺存在一定难度，需要配合营销手段，增强万达购物中心在娱乐和餐饮上的销售力度，通过所带来的零售额吸引更多商家入驻。不过从长期管理的角度来看，空出的面积越多，越能为万达购物中心的业态管理提供调整的空间，因为这在客观上丰富了万达购物中心的配置内容和生态群落，只要管理得当就能持续提高万达购物中心的经营能力。

第二，强化轻资产模式，做好品牌推广和输出。这样做是为了维持万达现有的扩张速度，减少因为开发项目而占用的现金流，减少融资损耗，另外也能通过品牌输出产生经济收益。

这项措施涉及了企业品牌管理，而品牌管理的重要构成部分是品牌输出，它关联着企业的业务模式，这种模式本质上是商业中心的所有者和万达之间的合作，万达负责经营，利润双方分成。那么，如何吸引更多的合作方将考验万达的客户管理能力。万达会通过对潜在合作对象分析进行决策，比如，所有者自身预估或者现实经营业绩比较差的；无法承担亏损的；所有者经营信心不够又不能直接放弃经营的；所有者想要将物业出售给万达的；所有者始终坚持本业的专业化经营的；所有者对物业本身并不关心，只要找到合适的合作方就会去做的。

万达在多年的经营实践中，积累了丰富的客户管理能力，能够在短时间内对潜在合作伙伴进行预判，权衡利弊，万达一般会采取两种合作方式强化客户管理：其一，由所有权人提供物业和相关启动资金，由万达提供品牌或者部分经营团队以及运营管理系统等，双方按比例分成；其二，万达租赁所有权人的物业经营万达广场，收益归万达，所有权人拿租金。

万达客户管理的原则是，减少不必要的中间手续从而获取最大的收益，所以万达更愿意和国有企业合作，因为在和非国有企业合作时难度会增大，不可能在短期内为万达补充现金流，甚至有可能产生一定的损失，这是由于非国有企业的决策更加谨慎，不会轻易支付一笔费用让万达经营一个业绩并不太差的物业。因此，万达在客户管理方面的心得是，想要在短期内获利，就尽可能和国有企业合作。

相对地，万达对长期业务的管理策略是依靠自身的经营能力，然而受制于自身条件和市场环境，长期业务的投入需要极度谨慎，前景并不明朗，除非在运营能力方面获得提升，否则万达不会轻易展开行动，这也是万达朝着轻资产扩张的主要原因之一。

第三，进入文旅地产，开发万达文旅城。通过将单个项目以更大的规模弥补之前的多项目复制开发、销售速度下降而产生的资产升值停滞以及现金流紧张等情况，同时利用单一项目规划和组建创新业态，比如水族馆、室内滑雪场等，有效提升销售能力和运营能力。

万达的文旅城是一个集合了各种大型主题娱乐项目的万达广场，容量更加庞大，其中大型主题娱乐项目包含着海洋世界、影视城等设施，是文旅城中的高端主力店。从管理万达广场的经验来看，万达文旅城自身的发展模式和前者别无二致，之所以成立文旅城主要是万达想提高资本效率和市场吸引力，通过加强版、升级版和豪华版的模式放大优势。

站在企业管理的角度看，万达文旅城对万达广场而言，在现金流管理和债务管理方面有更大的优势，因为它能够为万达带来更大的收益，不过要想在短时间内销售相当于普通万达广场几十倍的物业，必然要求万达在商户管理手段上有所创新，否则会拖慢经营效率，因此万达曾经找来香港迪士尼乐园的前CEO负责管理，就是为了站在全局角度做好管理。从长远的发展视角看，万达文旅城不仅复制了万达广场的成功经验，也复制了风险，这就要求万达在风险管理方面倍加小心，因为随着文旅城的投入增加会带来更大的损失。

第四，组织变革，提升对每个项目的运营绩效考核能力，及时撤换那些不能完成业绩的负责人，通过人力资源管理提高运营效益和现金流对商业资产价值的支持。

万达想要通过提高项目运营的绩效来判断相关责任人的能力，这是人力资源管理在企业转型中的运用，不过万达的商业发展模式并非完全依托于发挥项目总经理个人能力的基础，而是通过标准化的管理和经营实现的。因此在这个体系下的项目总经理，必须有按照计划和标准管理团队的能力，而不是将项目开发和销售之后就万事大吉，因为万达对购物中心的管理是一项关乎长远发展的战略任务。能够达成集团指标的项目总经理，就需要在现有管理经验的基础上，摸索出更能推动企业转型的管理策略，从而助推经营实力的增长。对此，万达推行组织变革，提升经营业绩的考核制度，就是为了从侧面敦促项目总经理改善管理思维和管理手段。

第五，对线上和线下内容进行融合。万达通过线上整合的服务资源来提升线下购物中心的坪效，从而提升总租金收入，依靠对线上线下资源、流量的共享和导流，能够提高线下零售的效益，拉动租金、销售扣点等收入增加。由于万达加强了对商户管理的力度，通过进一步整合商户资源，创建并发展线上购物中心，在不需要大量增加实体购物中心的前提下，拓宽商业经营收入的途径。万达之所以启动这项策略，是因为做万汇网没有取得预期效果，继而才重新探索O2O发展方向的新策略。

万达的两项转型策略也是在企业管理模块化的基础上展开，以企业战略目标管理为核心的。

第一，收购院线等转文化产业。万达发现院线是持续增长的行业，无论是进行重组、并购还是上市都具备一定增长性，在估值方面更有优势，能够更好地吸引资本市场的关注，丰富现金流，增强企业的竞争适应力。同时，院线自身也能产生现金流，万达可以借助这个实体寻找参与制片和发行的高利润区域，得到更多的现金流。

万达的院线业务一直是赢利状态，也凭借海外收购的手段成为全世界最大的院线公司。从短期来看院线业务的管理并不复杂，因为它依然能够提供持续的现金流，但从长远来看，万达需要用战略思维去管理院线的运营，因为一旦偏离了万达的商业模式，院线单独生存和发展的可能性并不大。

第二，不断开拓互联网金融业务。这样做能够利用新金融高速发展的优势，转入高现金流和高利润率的金融行业，为企业谋求高效的赢利增收渠道，同时也能够丰富自身的债务融资资源，促进自持有物业的二次融资。

互联网金融管理属于新生事物，因此互联网金融作为一个新市场存在着许多不可预知的因素，由于国内对这个领域未来的发展态势和政策尚不明确，所以万达反而在短期内容易管控。不过，金融只有和实体经营相结合才能产生更大的价值，所以万达会在加强互联网金融管理的同时，提升对自身实体经济的管控节奏，帮助互联网金融获得收益，否则会对实体经济产生反噬，特别是在遭遇重大经济环境变化的前提下，互联网金融很难发挥止损作用，这是企业金融管理需要明确的现实。

万达在升级转型方面的管理原则侧重于远近、快慢、内外、轻重以及高低五个层面，这是为了更好地发挥万达的执行能力，完成战略布局。

侧重于远近，是指万达在转型管理中必须兼顾短期内丰富现金流的可能性和培植长期增长型业务的可能；侧重于快慢，是指万达的转型管理要尽快改善原有布局，从而推动现金流的增长；侧重于内外，是指万达要构建强管理逻辑，确保企业在组织系统上支持升级的速度；侧重于轻重，是指万达要在轻资产管理方面妥善解决万达现有的负债状况，从而规避或者减少系统性的风险；侧重于高低，是指万达要强化文旅城的管理，并融合线上和线下资源对万达产生的推动作用。

万达的升级转型管理策略，不仅要在行动上有所体现，还要在思想层面有充分的理解和认知。

首先，万达认识到转型升级是应对市场风险的唯一出路，而建立相对应的管理手段也是对抗转型风险的需求。

其次，万达预知到市场风险时已经通过内部的财务指标体现出来，所以要加快转型速度，就必须做好转型管理工作，不仅要有敢于强化的决心，还要有善于发现重点的意识，一旦错过了最佳转型升级的窗口期将再难找到机会。

再次，万达意识到当下的市场环境并不利于高速转型，所以稳定是最易实现的，只有通过针对性的管理策略才能保持转型的安全系数，否则转型难以成功。

最后，所有的转型升级都是以延长自身优势作为基础的，并非盲目开辟新的战场，所以万达采取的管理措施也要从自身的管理模块中汲取成功经验。

除此之外，万达还有两个备用措施。

第一个是退上市策略，从港交所退市之后，在内地寻找新的适合于它上市的交易所，进行一次性的现金流补充。这是万达对上市管理的一种保留策略，是为了应对债务压力而预留的应急方案。假设万达在港交所退市后还能在国内获得良好的上市，自然会增强自身的风险对抗能力。

第二个是断臂策略，万达通过资产变现的形式将自身的债务风险降低，转移给其他目标，能够获得更多的现金流，这也是债务管理中常见的降低债务杠杆的做法。

虽然万达做好了应急预案，但在危机管理方面仍然需要注意两个问题，一个是国内股市能否在短期内获得上涨的利好局面，一旦不能达成会让万达苦等上市的最佳时机；另一个是断臂策略不具有长远战略意义，因为它会受制于万达所持有的商业物业形态、项目购买者等外界因素的影响。

正因为两个应急措施都有各自的缺陷，所以万达在危机管理方面更注重安全性，由于考虑到物业整体转让存在着实际操作的难度，万达采用了快速实施债务扩张发展的模式，通过对这个环节的强化管理产生有影响力的资产背书，以现阶段中国经济形势和房地产的市场状况帮助万达增加收入。

综合来看，万达的升级转型管理工作，既包含了对经济环境变化之下的防备措施，也包含了万达内部对风险预判的管理。万达的升级转型不单纯是切合企业长期发展战略，而是从企业现状出发，对现金流采取多样化管理的一种探索。

## 8. 规划电商管理，完成转型关键步骤

在万达的战略转型计划中，电子商务是未来重点发展的业务板块之一，也是万达顺应互联网时代新经济模式的必由之路。在万达涉足电商领域之后，面临着一个新的任务——如何将既有的管理模块和管理经验迁移到电子商务管理中，将传统经济时代的实体门店经验和互联网时代有机地结合。万达虽然发生过电商CEO的离职风潮，但这并不能证明万达不适合做互联网，这仅仅表明从传统实体经济向电商转化需要过程，需要人员上的调整和适应而已。

事实上，不是传统实体管理模式和电商管理模式产生冲突，是电商1.0和电商2.0管理模式的矛盾，而万达要做的电商模式就是2.0版本。从目前万达的企业发展规划来看，电商板块并非仅仅负责销售，还需要承担线上汇集客流、构建万达会员体系等多方面的内容，是一个崭新的消费领域，所需要的也是全新的管理思维，如果不能做出突破，可能会延缓万达转型战略的布局。为此，万达加强了五个方面的管理措施。

第一，增强客户管理手段。

以万达广场为例，通过为广大客户提供丰富多样的广场活动、商品导购和商家咨询等服务，既能吸引更多的客流量又能采集更多的客户信息，从中摸清客户的购物诉求和电商规律。虽然这种封闭的O2O模式格局并不大，距离万达想要实现的目标比较远，但已经帮助万达探索出了一条符合电商思维的客户管理机制。只要进一步开放平台，运用更成熟的电商2.0客户管理模块，就能增强客户对O2O的切身体验。

第二，提高数据管理的效率。

在实体门店的管理经验上，有关客户的数据是平面的，只要掌握客户最基本的信息和诉求即可，这些信息也集中在线下。然而在电商模式中，客户的数据是立体的也是复杂的，它不仅包含客户线下的活动规律，还包括在线上的行动轨迹，比如，客户经常登录什么网站，喜欢在什么类别的社交平台活动，等等，这些都关乎电商模式下数据管理的工作是否能做到位。万达为了增加平台流量，获得更多的数据，通过各种电子地图做了全面的部署，依靠地图上的定位锁定客户。

第三，开启智慧化管理模式。

2016年，万达电商飞凡商业博览会暨第十届万达商业年会在北京开幕，万达第一次对外公开展示了一整套的智慧商业解决方案，还在会议现场搭建了智慧购物、智慧电影以及智慧停车等全实景智慧场景。虽然是线下活动，却和万达的电商板块密不可分。万达以智慧为主题，实际上是在筹划着贴近智能生活的管理方式，运用科技手段提供客户体验，通过客户的实时反馈来了解管理工作中的疏漏和不足，形成电商模式下的完整产业链和核心竞争优势。

第四，整合管理层的电商思维。

由于万达在电商管理方面欠缺经验，所以走了边探索边确立的路线，导致万达的电商管理层一度频繁更换成员。随着探索的深入，万达更加看重具有电商管理经验的人才，只有他们才能统领全局，带动万达从管理思维上产生拐点。反之，不具备这种能力的管理者，将给万达的电商板块埋下隐患。

2014年，万达对电商板块的管理层调整尤为突出，曾经加盟万达电商同时任职万达电商COO的职业经理人马海平离开万达，而在此之前的COO刘思军也没有任职很久，比刘思军更早的万达电商CEO龚义涛也在2014年离职，他的离开曾经给万达的电商板块带来不小的触动。

万达电商管理层的短暂动荡，并不是万达在用人策略上的失误，而是万达旗下的业务庞大复杂，作为新生业务，万达电商的管理层难以驾驭其他资源配合自身。还有万达的军事化管理，也和一般的互联网公司文化相背离，尽管万达的薪资待遇不低，却在一段时间内有部分人员流失。不过正是这种频繁的换血，才让万达更明确自己需要什么样的管理者和执行者。

第五，确定统一管理的原则。

转型不可能一帆风顺，好在王健林对电商业务非常重视，他在2014年的万达集团半年工作会议上作出指示，要做好电商业务就必须打破公司内部的壁垒，将全部的网上资源提供给电商公司，将其当作纪律而不是要求，各个系统不能单独做电商，必须将所有资源集中到一起交给电商公司。

王健林的想法是，给予电商更大的发展空间，无论是他本人还是总裁，抑或是分管的副总裁，都不能用传统的管理思维做电商，也不能用房地产思维去思考万达电商的未来和出路，要给电商创新和决策的权利，尽早制定出符合万达企业特色的管理制度。当然，必要的监督还是要有，如果放任电商"独立"也会造成负面影响。王健林对电商抱有很大期望，但也对电商提出了考核的要求，包括全年目标、半年目标等，假如有一两次无法完成目标就必须调整思路，多次完成不了就要换人。

万达从2015年开始就转向了轻资产模式，特别是在电子商务迅速发展的阶段，万达迫切的转型需要，是为了避免长期承受实体商业地产的压力，所以走上了"线上+线下"的行业创新发展之路。由于万达并非互联网公司，所以推行了"实体+互联网"的双管齐下战略，将自己打造成优质的场景服务运营商，运用实体商业的管理经验，从客户需求出发，整合具有价值的互联网技术和资源，最终目的是通过有效的电商管理形式打造一个全方位的互联网开放平台，将实体经营者、商家和客户都容纳进来。

按照万达的战略计划，未来将联合国内最大的几家电商成立万达电商，让他们参股，虽然对电商管理工作需要长期的探索，然而王健林甘愿投入大量的资金和时间，他认为万达电商最紧迫的工作是用3年时间找到赢利模式，就算找不到也必须摸清赢利方向。归根结底，万达的电商管理思路是将线下消费人群的盈利最大化，只要找到一个准确的连接点，并持之以恒地维系这个点运转，万达的电子商务板块就会在未来大放异彩。

## 9. 加快人才转型，助推企业战略布局

随着万达企业转型的脚步加快，产业布局也进行了相应的调整，万达已不再是一个纯粹意义上的房地产企业。根据相关数据分析，2020年，中国服务业在各大企业中的收入和净利润占比将超过65%，而这正是万达业务转型的方向。为达成这个目标，万达的11万名员工也要进行人才队伍的转型，以适应企业发展战略。

第一个人才转型的问题是，换掉不适合的人。

转型并非每个人都能接受和理解，也不是通过思想改造就能完成的，为此万达进行了大规模的人员调动。2015年，一份名为《大万商〔2015〕22号文件》的文档资料从万达内部流出，根据内容显示，这次万达的人员调动总计任命72人，其中总经理级别有15人，被免职的普通员工有53人。在转型战略的需求下，万达势必要进行人员调换。

第二个人才转型的措施是，推出埋单问责制。

万达的审计制度对管理层和执行层都进行了严格的控制，2015年，万达召开了"廉洁与遵章守纪教育大会"，推出了问责处罚制度，正式

实施了"埋单式"问责。在这种问责制的监督下，能够对违章违纪的直接责任人进行处罚，同时还能对相关部门负责人、系统负责人以及分管领导的责任予以追究，是对现有审计制度的完善和补充。

随着企业战略转型的速度加快，万达的业务领域会进一步拓宽，某些管理层的职权范围有扩大的可能，因此，万达加强了反腐监管的力度，让全体员工明确万达转型的决心。与此同时，万达强调了军事管理化制度，让员工必须无条件服从。虽然反腐行动会加剧人员的流动性，但王健林表示，万达集团只要依照制度行事，即使人员流动也会依旧照常运转。

在转型的过程中，万达百货和商管系统承受着痛苦。从济南到全国各地，一部分万达百货正在被撤掉，引起了一轮"大清洗"，全国有40多家亏损严重的门店关闭，而一些经营状况欠佳的也要压缩经营面积，减少成本开支。由于触犯了一些人的利益，所以在个别万达广场出现了抗议的现象，然而万达还是坚持既定方针，因为只有对商管架构进行颠覆性的更改，才能促使万达在转型的道路上顺畅地走下去。正是由于商管系统和百货系统影响到了万达的战略转型，所以才加强了人员调整的力度。

早在2014年，万达就将万达百货调整为总部、区域、门店三级管控架构，同时建立了北区、中区、南区三个大区事业部作为支撑体系，每个事业部都下辖各区和直属门店。这样做是为了弱化万达百货主力店，强化服务业的主经营地位。

在万达目前形成的万达商业、文化产业、金融产业以及电子商务四大支柱型产业中，万达百货业已经被极度边缘化，这是符合时代发展和市场规律的战略性调整。为此，万达将商管系统作为区域公司管理制度正式实施，也就是说在全国各区域公司之上成立对应的三个营运中心，这三个营运中心和综合管理中心、工程物业中心分别由万达高层的五位副总裁负责，从相对复杂的组织架构转为趋向扁平化的组织架构，增强了执行的高效性，而集团高层的另外两位平级的副总裁，分别管理万达商管的人力资源行政部和信息管理部、财务部和成本部。

除此之外，万达的安全监督部和内控部直接由总裁负责。这种管理模式的调整，开启了万达自上而下和自下而上同步进行的转型管理策略。不过在2016年，万达商管系统取消了北区营运中心、中区营运中心、南区营运中心三大"指挥部"，由万达总部直接对其分部进行管控，形成了"区域公司对各大分部汇报"的管理模式。与此同时，万达的三位副总裁也将重新划定职权范围，分别管理招商中心、营运中心和工程物业中心。这种阶段性调整和渐进性的改革，有利于减少在转型过程中发生的震荡，保证平稳过渡。

在企业管理架构调整之后，万达的商管系统也会进行缩编，减少人力资源的浪费，提高执行效率，而在重新划分商管系统区域后，万达的区域公司也被重新编制为四种不同的级别。这种调整是否会在短期内给万达带来负面影响不得而知，但可以肯定的是，万达会继续加快人员调整的力度和速度，商管系统的管理架构改革只是转型大战略的第一步。

第三个人才转型的环节是，人员的博弈。

为了加快转型步伐，王健林并没有用集权管理的方式控制整个万达集团，而是通过合理的放权将万达商业的董事会成员都调整为他信得过的左膀右臂，帮助他完成企业转型的战略计划。王健林曾说："职业经理人谁好就谁来，只要维持一个强势董事会就可以。"从这个角度看，万达通过调整高层人员为转型铺垫领导的基石。

除了进行人才转型管理工作，万达还同步进行了金融转型作为辅助手段。因为企业的转型往往以金融改革为拐点，万达对金融系统中的人员调整是最好的证明。从2015年开始，万达吸引了更多的金融精英加入万达金融板块，组建了一支堪称"梦之队"的金融集团。比如，主控金融集团的是前建设银行投资理财总监兼投资银行部总经理王贵亚，他负责万达金融集团筹建的工作，对这种高精尖人才的任用，体现了万达转型的决心。

为了辅助金融系统转型，万达的其他板块也进行了"大换血"，集中在国际事业部、儿童娱乐有限公司以及万达电影院线等几个系统中。经过查阅高层人员的信息可以发现，目前万达的核心高管的年龄呈阶梯状：既有老谋深算的50后，也有通观全局的60后，更有年富力强的70后，由此形成了一个补位型的年龄梯队。另外，万达还加强了电子商务团队的转型调整。在万达的四大业务板块中，电子商务团队从2012年组建之后已经多次换人，历届团队也堪称阵容豪华，万达甚至不惜花重金从外面猎取精英。

对比其他互联网公司可以发现，万达并非放手让团队去做，而是由集团高层全盘考虑再下达命令，因此万达的人才转型管理要经历一个漫长的过程，会从之前的管理策略中汲取经验，从而应对O2O时代下的新挑战。

在万达各个新成立的系统中，可能还会经历人员流动和调整，但是对万达来说，这些都是转型过程中必须面对的问题和压力，正是有了这些尝试性的探索，才能让万达的转型之路越走越顺，从而逐渐优化人才管理模式，推动企业战略布局走向完善。

第三章

# 企业管理始于严以律己

> 这种大的数据系统将来绝对不仅是支撑我们自己的需要，还会为国家的统计，或者其他企业的比如促销、新商品的试验、开发企业自己的会员系统提供支持。

# 1. 用产品思维执行企业管理

常言道，没有规矩不成方圆，任何一个企业都有符合自身企业文化特征的规章制度，无论大企业、小企业还是强企业、弱企业都不缺规矩，然而规矩有好坏之分，也有适合不适合执行之分，只有具备可操作性的规矩才有存在的价值，也只有能被长期推行的规矩才能帮助企业拥有立足之地。

现在很多企业都喜欢搞"互联网+"，动不动就把互联网当成万能法宝加入企业管理中。的确，互联网思维和产品观是保证企业生存下来的重要工具，但并非每一个企业都正确解读了它的意义或者具备了操作的能力，于是开展了各种所谓的互联网探索，然而取得成功的并不多见。

2014年7月，万达和百度、腾讯联手，宣称要成为中国最大的电商，很多人质疑像万达这样专注房地产行业的企业如何玩得转互联网思维，其实这是忽略了万达的一个优势——成功的企业管理思维。

万达很早就看清了"互联网+"对企业发展的重要性，因此，无论在商业模式管理、战略目标管理还是产品管理方面都逐步向互联网思维靠近。现在，万达已经涉足文化产业，为自己寻找到了适于生存发展的土壤。在2013年的万达年会上，王健林就提出了让全体万达员工学习互联网思维的要求，从企业内部管理的角度开启了"互联网+"战略。而且王健林对O2O的看法是，"所谓O2O代表的是一种融合"。由此不难发现，王健林并非一个思想僵化、格局保守的人，他没有沉浸在万达房地产事业的辉煌中，他正在努力让万达和互联网时代紧密地融合，从视角和高度上已经为万达指明了新方向。

正是因为万达要和网络接轨，要和时代接轨，所以万达特别注重内部管理，尤其是人员管理，这关系到万达能否顺利推动"互联网+"战略的进行。万达在订立企业规章制度时，不断优化自身的产品观念，将互联网的一些鲜明特征因素也融入进去。

第一，细节上的苛刻主义。

管理是通过细节才能看出优劣的工作，万达的规矩制度细化到了让外人难以想象的程度，人们常用"军事化管理"来形容。比如，万达特别注重员工的个人形象，因为这代表着万达企业品牌的形象，所以在着装方面要求十分严格。假设有员工在早上8点到晚上6点这个时间段里没有穿正装的话，不仅自己受罚，所在部门负责人也会被牵连，罚金额度为200元。看似是一件小事，其实反映的是员工服从企业和部门的纪律性，也事关某个部门的团队执行力，因此，万达才严格地进行惩罚。再比如，女员工的裙子要在膝盖之上，但裙子边距离膝盖不得超过10厘米。有人会问，如此严格，难道有人拿着尺子随时测量吗？当然不会这样，但是万达既然制定了规矩，就必然有惩罚的标准，一旦有人过界势必会受到责罚。裙子的长度所反映的是员工的精神面貌问题，既要穿出洒脱优雅，又不能穿得低俗平庸，事关企业对员工的精神风貌的教育程度。员工只有穿得精神抖擞，才会带着满满的干劲去工作。

很多企业都面临着用人难题，比如有亲戚来到企业任职，虽说有举贤不避亲的说法，但中国人都注重人情和面子，特别是管理层很难对有血缘关系的下属进行管理，因此万达推行了亲属回避政策，比如，管理层的配偶、父母或者子女及子女的配偶等都不能进入万达工作，不要说普通管理层，就是王健林也必须按照这个制度去做。这虽然不是大事，但直接关系到人员管理的效率和结果，也体现出了万达对人力资源管控的重视程度。

员工在企业中最关心的除了团队的利益之外，就是个人的利益，具体而言就是能否涨工资、能涨多少的问题，很多企业在这方面要么没有明确的规定，要么有规定也不去执行。但是万达不同，不仅精细化地制定出了员工涨薪的制度和流程，而且将不同情况都写在了制度当中。以普通员工为例，提职调薪要间隔6个月，最高调薪幅度为50%，平级调动也要间隔6个月，调薪幅度为20%，单纯调薪要间隔12个月，调薪幅度为20%。尤其要说明的是，假如在信息系统中操作，调薪幅度只要超过20%，都不能继续完成流程，操作全部要在线上进行，这是防止有些人"暗箱操作"。

显而易见，万达的规章制度，不像其他企业那样单纯是一种行为规范和约束，更像是一个行为手册，对管理层和执行层都起到了指引的作用，不仅清晰明确还十分具有可操作性，这正是用产品思维指导企业管理的具体体现，也充分反映了精细化、可操作化的思维内核。

对于一个小企业来说，规矩细不细致、是否容易操作也许并不重要，因为人员少，部门少，有一个主心骨定夺即可。但是对于一个跨区域、走向世界的大企业来说，规章制度既要做到细致但又不能烦琐，细致是为了考虑到方方面面的问题，避免管理盲点；不烦琐是为了容易操作，不能让管理者自己都看不懂规矩，否则无法继续推行。

随着企业规模的扩大，万达的规章制度变得越来越精练和简洁。2012年的企业制度有90万字，而到了2014年却只有52万字，减少了42%，这说明万达并没有机械式地添加制度，而是有机地进行对比和融合，将内容重复、缺乏时效性的制度都进行了整合和精化，因此字数减少了。另外，万达为了让管理层和执行层更好地理解制度，尽量采用表格进行说明，一是更加直观和清晰，二是减少了不必要的文字说明。万达正是用产品思维去协调企业内部管理，在保证易于操作的前提下细化内容。

万达以产品思维的方式做企业管理，有了这种专业化和精细化的思路，才让万达的规章制度更加契合自身的企业文化，也正是基于这种创新思路，才让万达在人员管理上更有效率，无论是万达的在职员工还是离职员工，都自动自觉地培养了综合素质，增强了其在人才市场上的竞争力，而这正是万达强化企业内力的成果。

## 2. 合理转化计划外的不可控因素

　　企业的成本管理是根据企业整体的战略发展方向和计划来制定的，它关乎企业能否在市场中占有竞争优势，如果成本高必然会导致售价高，而售价高则意味着竞争优势减弱。因此，企业的成本管理最先要做的是关注成本战略空间，也就是将成本信息融入企业的全盘战略管理当中，并通过对成本结构和成本行为的调研和分析进行合理的控制和调整，形成可持续性的竞争优势。

　　企业的成本控制不是单方面的行为，需要多个方面共同协调才行，而且和进度营销有着很大的矛盾，所以需要良好的环境才能保证目标达成。万达的成本管理在这方面做得十分到位，既能在制度上保证成本控制工作的独立性，同时又能确保强有力的执行性，解决了房企中管理受制于人的难题。

　　万达确立的合约规划，是对未来要产出的成本通过分类合同的方式推行的，通过对开发过程中成本支出的项目数量进行估算，是目标成本对项目成本进行指导和预防控制的主要方法之一。

经过长期的摸索和实践，万达在成本管控方面积累了丰富的经验。首先，万达的成本控制部组织分工严密，职责明确，不存在"三不管"的真空情况，出了问题能立即找到第一责任人。比如，目标成本组负责研究和编制决策文件以及审核项目现金流，还有结算复核等部门，都参与建造标准制定。过程控制组的工作是对成本动态进行管理以及商务评标等。招标合约组主要负责工程一类招标和网上招标等管理工作。至于其他组织也是各有分工，都制定了相当明确的任务分配。

这种明确分工带来的好处是，过去根据模块化编制招标计划容易出现疏漏，现在只要根据合约规划就能制订招标计划，很容易开展编制结算计划的工作。而且在合约中明确写出了成本费用和成本科目的连带关系，实现了对目标成本的预防控制手段。这种管理上的调整和进步，让万达将生产成本和经营成本压缩到最低，在市场竞争中具备了优势。

万达在合约规划方面做得十分到位，具备了其他企业不具备的严谨性。

首先，万达根据多年积累的管理经验，形成了独有的成本管理模块，将合约规划和万达商业地产的经验完美结合，对既有的模块进行了填补，保证了项目合同的计划性和规范性。

其次，万达对全部项目支出进行统筹核算，细化并分解成本管理过程。合约规划既能够实现项目预计支出的全面性，更有利于对实际的成本管控工作进行分解，从而严格控制各项支出。

再次，万达会依据合同内容进行具有差异性的业态组合。万达多年的经验让它采用了分业态编制的方式，能适用于各种市场竞争环境，从而合理地进行成本预估。

最后，万达统一了内容和标准，帮助数据库铺垫条件，比如进行科目编码和费用编码，这种标准化有利于推动流水线化，提高规划效率。

除此之外，万达在编制合约规划方面也制定了严格的铁律。

第一，对各分项工程的支出进行严格控制，这是为了防止人工分摊的环节中犯错误，通过事先预设好一个成本进行规范。

第二，控制招标金额，预留变更金额，将合约规划视作项目的模拟复盘。这样做的目的是进一步明确成本，尤其是对动态成本进行记录。由于编制合约规划是在项目初始阶段，所以推进到后期必定会有变化，因此要对整个项目的成本和招标进行模拟复盘，这种复盘是项目从摘牌到经营结束发生的所有成本支出的预演，从而达到对项目整体控制的目的。

第三，对合约规划进行必要的准备，对基础信息进行收录，包括经济指标、规划模板以及岗位人员信息等，防止在后期出现问题时无法查证，这是万达将成本控制细化的结果。

第四，将合约规划作为实施的蓝本，同时要完善审批过程。万达的管理经验证明，不落在纸上不形成文字的规章制度容易出问题，所以要编制出合约规划表，对第一次编制中的内容要进行保留，只有在通过审核后才能删除，如果有增加的合约规划必须从合同库中引用，要将合约范围描述清楚，不能有任何遗漏。另外，要根据实际情况和当地价格调研调整合同和费用项目，做到实施过程中的有效控制。

第五，对合同与费用项目进行调研和整合，首先要认真梳理合同库，对合同范围做到了解并标注，还要结合项目实际情况明确费用支出，同时针对初步选定的合同进行梳理，不能出现重复或者疏漏，而且要依据设计和工程项目的实际情况，敲定合同范围和界面并标注。

第六，对合同进行及时调研并调整费用成本科目，认真学习了解科目库的范围，还要根据线上项目的收集情况敲定项目的成本科目，将合约规划归纳到成本科目的范畴中。

第七，调研并调整合同与费用到各业态的分摊，具体分为两个步骤：一个是根据项目基本情况明确项目的业态划分，另一个是根据合约规划的合同内容明确业态范围。同时，还要明确合约规划金额的原则，包含对项目当地情况的调研、项目建造标准、技术指标等步骤。

第八，确定总包合约规划金额，其中包含了主体结构、水电安装、粗装修部分等很多细化内容，都要根据前期项目当地调研情况实施项目单价以及各项预测、计算工作。

第九，修订和校对合约规划，在项目推进的过程中要定期进行修订和合约内容的调整，项目规划成本会转化为已发生成本，通过对合约规划的分期编制完善整个过程。

2012年8月，万达的一位领导去涪城的大歌星KTV门店例行检查，结果发现正在装修的大厅面目全非，根本无法使用，领导很惊讶地表示万达无法在12月开业，结果店长拦住领导，表示只要一个月就能将装修主体弄出来。事实证明，店长并没有撒谎。

模块化管理的优势是有足够能力应对计划外的因素，这种管理模式的建立和万达的信息化建设有着密不可分的关系。万达很早就建立了信息中心，走上了自主研发管理软件的道路，目前已经在国内外拿到了100多个软件的知识产权专利，利用这些知识产权可以复制到全世界不同的国家和地区，能够促进万达完成成本控制等多方面的内容，而合约规划只是其中的子分支。然而，越是小处越能体现细节精神和整体布局，万达对成本的科学管理是在长期学习行业经验的基础上，运用现代化企业管理思路打造出的特色内控模式，这帮助万达在市场竞争中保持了先进性和竞争优势。

# 3. 活用互联网思维改造企业

　　互联网思维是2013年科技圈最火爆的一个名词，从它诞生那一天起就频频被人提起，很多企业都忙不迭地将这个新鲜词汇贴在自己身上，然而到目前为止对这个词并没有清晰的解释，似乎互联网思维的真正意义没有那么重要，重要的是它成了被人热捧的潮流以及它背后代表的真相：世界正在朝着脱胎换骨的方向发展，旧时代正在远去，新时代即将到来，而互联网思维就是新时代最具象征性的符号。

　　王健林在2015年6月做客新华网思客讲堂时表示："根本不存在'互联网思维'这回事"，"互联网只是一种比较先进的工具，怎么可能出现互联网思维呢？叫创新思维比较合理一些"。仔细解读不难发现，并非王健林否定了互联网思维，他恰恰是对其作出了肯定和重新定义，互联网思维是极具时代特征的创新思维，只有将实业和互联网思维相结合，才能产生巨大的价值，也就是"互联网+实业"代表着光明的未来。王健林还指出，单一的互联网经济是一个错误的定义，应该称其为"互联网+经济"才正确。

依靠实业起家的万达，和互联网公司相比自然存在很大的差异性，这种差异不仅体现在企业文化和战略思维上，更体现在管理上，万达拥有强大的线下资源和线下消费平台，所采取的管理策略注定与互联网公司有所不同。

经过互联网思维改造的万达，形成了一种独特的"万达模式"，其蕴藏的深意就是万达所支配的庞大的商品和服务体系，也就是说万达依靠强有力的传统商业结构来维系企业的发展，并非凭借资本优势，万达在启用互联网思维之后，会给互联网企业带来足够的价值。在智能手机被普遍应用之后，移动互联网对现有的商业模式进行了重新定义，商业不再是交换商品的代称，而是一种体验方式和生活方式，万达模式就是在"移动互联网+思维"下实体商业的实践。

万达启用互联网思维既是主动变革的需求，也是时代变化的需求。万达在2015年就成为全球最大物业面积的持有者，但是随着房地产业发展即将触碰到天花板，万达势必要进行全方位的企业转型，而促进转型的重要催化工具就是"互联网思维"。

王健林曾说："这种大的数据系统将来绝对不仅是支撑我们自己的需要，将来会为国家的统计，或者其他企业的比如促销、新商品的试验、开发企业自己的会员系统提供支持。"显然，万达这种线上和线下相结合的O2O模式，强于传统实体零售管理的水平，突破了传统电商平台的技术瓶颈，是一种和未来企业管理接轨的新模式。

万达对自身商业模式的管理，体现出传统商业向互联网模式下的新经济体系的成功过渡，万达的实体商业做得成功，本身就要归功于创新思维的成功，比如，在2008年经济寒冬时期，国内各行各业的经济增长速度明显下降，传统商业遭受严重打击，万达却进行了突破性的商业定位与合理的商业布局，创造了实体商业的成功。

在开启互联网思维之后，万达将商业、金融、旅游产业和影视产业都进行了互联网思维化。

第一，商业的互联网化。

万达推行了O2O模式，是典型的互联网思维的体现，不过关于O2O，在业内还是有不同的认知。有人认为，O2O的关键是融合而不是路径，比如，在中国目前的零售市场中，线下实体零售和线上网购平台是平行发展，现在变成了垂直发展，形成了一个闭环，而怎么才能给客户源源不断地提供解决方案才是最重要的。

万达在试水O2O之后，显然规避了这个问题，因为万达对商业模式的管理采用大数据和大会员的方略，上线的万汇网和万汇APP形成了强有力的纽带关系，万达在吃透客流数据的基础上，将客户市场作为分析的来源，采取针对性的手段进行布局和招商。因此，万达的电商模式就是打造会员体系，借用传统实体积累的口碑和客源最大限度地发挥O2O的优势。当客源转变为会员之后，再通过现代移动端的技术将会员的消费次数、消费金额和消费偏好等数据进行搜集和整理，成为企业客户数据管理的分析资源，反哺商业模式的调整和推广。

第二，金融的互联网化。

无论是传统商业还是互联网经济，收款现金流模式都不会发生变化，万达掌握着如此多的现金流入口，就是要将其转化为金融集团服务的有效价值，万达的金融系统会对商家进行分析，让他们将产品销售一空，然后拿走贷款而不需要传统的抵押担保的方式，这是一种金融管理模式的创新，可以在不影响再生产的前提下一次偿还万分之一，大幅度地降低了融资成本，能够有效解决中小商家融资难、融资贵的问题。

第三，旅游产业的互联网化。

目前万达成立了属于自己的旅游控股，努力将其打造成优质的国内旅游行业的领跑者，目标是在5年之内成为全世界最大的旅游企业，侧重规模而非收益，只要到访人次超过2亿就能实现这个目标，万达正在为这个目标而努力。

第四，影视产业的互联网化。

目前，万达院线已经是全世界市值最高的影视企业之一，在国内经济增长放缓的前提下还能连续5年保持40％~50％的环比增长速度，因为万达商业模式管理依靠线上和线下融合的手段避开了发展瓶颈，保持了高速的发展，目前这种状况还会继续保持，在2017年超过北美市场，2020年可能做到北美市场的1.5倍。这种惊人的增长速度是进入三四线城市之后获得的新用户群体以及互联网技术的作用，能够在上映前进行准确预测，将电影制作和电影发行叠加在一起。

万达正是借助了互联网思维才取得了成功，过去人们对互联网思维的解读是营销手段的互联网化，因此有了快递物流，然而这是一种简单粗暴的解读，因为互联网思维涵盖的并非只有营销和物流的关系，还包含了商品和服务供应商之间的关系，这才是互联网思维中最本质的内容，也只有进行商品和服务的全线提升才能改善人们的生活，这也是社会发展的本质概念。所谓的万达模式，就是对商品和服务的重新定义，体现在企业管理方面就是注重用互联网的产品思维进行经营模式的管理。

万达模式反映的是一种新商业管理思维，万达通过强大的传统商业实体，产生了强大的资本竞争力，是深入理解商业运作的互联网模式和轻资本运营模式的价值体现，推动了万达走向新的产业布局阶段。

在互联网时代，万达成功定义了商业互联网的内容，通过将商品和服务的供给端结合，形成了万达模式，即一种利用新技术和新思维对传统商业进行改造的企业管理行为。万达所提倡的"互联网+"思维不仅关联到互联网思维本身，还在商业组织管理模式和运行管理模式当中融入了互联网思维的概念，将互联网作为手段，在轻资产化的推动下，构建了典型的中国式的城市综合体商业发展模式，这是互联网思维的成功运用。显然，万达模式注定会带动城市生活方式的变革。

# 4. 奖罚分明是不可撼动的"军规"

企业对员工的管理，应该是采取恩威并举的策略，对优秀者要进行奖励，对犯错者要进行惩罚，奖罚分明才能促进员工不断地完善自我。从一般定义来看，企业的奖惩制度是对劳动者在劳动过程中的某些行为进行奖励或者惩罚的规定。无论是奖励措施还是惩罚制度，都要和经济责任制相结合，与员工的责、权、利密切联系到一起，这样才能充分体现奖勤罚懒、奖优罚劣等原则。

跳出经济学的范畴，从心理学的角度来看，企业的奖惩制度是通过一系列正刺激和负刺激的作用，对员工的行为进行规范和引导的一种企业行为，最终是为了让员工的行为规范符合企业的需求，能够适应企业的发展方向。制定奖罚机制并不难，难的是严格地执行，这是一个企业管理力度和管理手腕的体现，也是所有规章制度的保证。因为再好的制度也要依靠人来运行，失去了对人员的奖励和惩罚，就意味着失去了制度推行的保障。

万达的规章制度十分详细，从大框架到细枝末节，几乎无一不包，单从这一点来看就已经超过很多企业，接下来的问题就是敢不敢较真，这才是对比企业管理能力的分界线。

曾经有一年，万达院线将指标定高了，导致一些影城奋战一年却没有完成指标，一分钱的奖金都没有，当时就有人考虑是否看在员工付出辛苦的分儿上发一些奖金，后来万达考虑到如果这样就推翻了制度，那以后该如何用奖惩手段去维护制度的运行？所以没有同意。正是因为有了制度的激励和管束，万达的项目总经理的奖金往往超过了副总裁，因为在制度的激励下，他们会更加努力地完成预定目标。制度的严格执行也让员工的收入水平逐渐拉大，即使同样的岗位，由于付出的不同，获得的收入可能会相差三倍之多。然而没有人抱怨，因为这都是按照制度执行的结果。

万达的奖励制度严格，惩罚制度也严格。曾经有一位主管招投标的副总裁，因为在一次电缆招标中违规操作，让排名落后的单位中标，东窗事发后被万达毫不犹豫地开除。万达正是通过严格的管理才打造了高速发展的房企样本，这是塑造员工和企业文化相匹配的重要成果，通过奖罚分明的制度才能让企业步入高效运行的轨道。

万达的奖罚制度的特点是：冷管理，少人情。

奖罚制度的核心不是给员工钱或者扣员工钱，而是让员工树立企业为先、员工为后的观念，只有为企业创造经济价值才能得到奖励，反之，给企业造成损失则会受到惩罚。长期在万达工作的人都会形成一种明确的观念——"大万达小个人"，这并非委曲求全，而是大局为重。

无论是惩罚还是奖励，都是力求营造一种"制度说话"的氛围，不是依靠人情和面子。在制度面前，一切感情因素都要靠边站，也只有制度才能最公正、最合理地衡量一个员工在万达的价值。虽然从表面上看似乎少了一些人情味，但正是因为有了制度作为保障，才让万达20多年来一直保持良好的业界口碑。

万达的奖惩机制是简单粗暴的类型，虽然看起来没有灵活性，但执行起来十分简单，丁是丁、卯是卯，这种高效、快速、直接的方式最能保证企业管理的流畅运行。

万达奖惩分明，从本质上提升了管理效率。现在很多企业都在将自己打造成合格的项目合伙人，然而大都会犯一个错误：为了获得最佳出手的时机而变得进展缓慢，最后反而葬送了机会。万达就不会犯这种错误，因为在奖罚分明的体制下，全部的管理工作都实现了节点化，不会受到个人意志的影响。粗略统计，万达有400多个节点考核，每一个考核都意味着员工将得到奖励或者惩罚，如果有三个节点没有完成，员工就会下岗。

管理的节点化是万达奖罚分明的执行保障，当员工第一次节点没有完成任务时，会受到通报批评；第二次没有完成时，分管老总会下岗；第三次没有完成时，会让总经理出局。这是一种建立在军事化管理基础上的考核思维，将奖罚分明彻底落实在了行动中。

奖罚分明还能从侧面反映出一个问题，当一个员工被开除之后，他的工作由谁来接替呢？会不会出现岗位真空的情况？不会，因为万达有着大量的储备人员，不论是执行层面的还是管理层面的。有一些企业，发现某个员工不行了才劝退，然后寻找新的接替者，结果在交接的过程中出现各种问题。万达则不同，因为有严格的奖罚机制，人员流动性较大，所以会对副总经理以上级别的人员进行备案，只要出现人员空缺马上派人补上。

从这个角度看，万达的奖金并不容易获得，万达规定销售回款连续三个月没完成，营销总经理就要被开除，如果完成了则能拿到相当丰厚的奖金，从难度和回报率上看是成正比关系的。在奖励机制面前，很多人会为了实现目标付出更多的努力，也会带动整个团队提升战斗力。

万达的奖励制度是将目标明确，如何冲货，如何获得总部支持，操盘的逻辑是什么，都有明确的标准，也就是说为了得到奖金，你只需要按照流程全身心投入去做就可以，并不需要耗费过多的精力去研究该怎么做，因为这些早就敲定好了。对于管理层来说，则会得到一些授权，能够灵活调整政策，带动团队突破业绩瓶颈。

奖励和惩罚都能够从不同角度敦促员工进步，惩罚能够激发员工的自省心态，使其能够正视问题。万达的团队执行力如此之高，和它严格的惩罚机制密不可分，这不仅增强了员工的危机感，更让员工产生了羞耻心，提升了他们的荣誉感和责任感，而这些都是在万达的日常工作中迫切需要的精神力量，能够对企业发展起到锦上添花的作用。只有具备了荣辱与共心态的员工，才能随时愿意为企业赴汤蹈火，作出自我牺牲。

万达的惩罚制度也进一步提升了员工的工作能力，因为只有先让员工"知耻"，才能产生深刻的反思，才能发现更多的细节问题，而对细节进行处理能锻炼员工解决问题的能力，出色的员工一定是细节工作到位的员工。

虽然奖罚机制不可或缺，但要维系在一个限度内，在这方面万达掌握得很好，没有让员工得到过多的奖励，因为那样会让员工变得唯利是图；也没有进行过激的惩罚，因为要让员工保留进取心。只有掌握了奖罚机制的衡量尺度，才能逐步提升企业的软实力。

万达的奖罚分明在外界看来是"刺刀见红"式的写照，每一项规定都不是开玩笑，都会用事实教育你。万达的奖罚制度更能反映出企业整体规章制度的庞大和严密性，任何人只要进入万达，都要用考核成绩来说话，都会被奖罚制度约束，然而正因如此，万达的员工才更有工作上的积极性和事业上的野心。

# 5. 信息化提高审计效率

　　企业做大后难免会有腐败现象滋生，腐败既会造成内部的腐化堕落，也会侵蚀企业的资金和活力，甚至影响到企业文化的孕育和传承。为了杜绝这种现象，万达采用审计制度加强对腐败现象的监管和治理，一旦发现问题，绝不手软。

　　每年万达都要召开审计通报大会，至少有上千家公司会通过视频收看，而每一次，王健林都亲临现场进行讲话。2014年10月，万达的审计工作遇到这样一件事，某区域总经理几次利用外广场和内广场等点位进行经营活动，而且在审计人员调查的过程中，该区域经理表现得十分强势，有意掩盖事实。另外，在审计人员对员工的走访过程中，得到的答复都是模棱两可的，员工表现出想说却又不敢说的迹象。审计人员意识到问题比较复杂，决定重新开展调查工作。经过为期三个星期的调查，审计人员发现该区域的万达广场存在着诸多问题，不仅区域经理不把公司的制度放在眼里，区域内其他公司也存在着蒙骗总部和坑害商户的现象，致使区域整个系统长期处于混乱无序的状态，有关营运、企划和工程等诸多项目都出现问题，给万达造成了上百万元的经济损失，而且对万达的品牌也造成了严重的负面影响。

经过审计人员对多家商户的走访调查之后，还发现该区域内的商管公司招商营运副总经理凭借职务之便对多个商户进行勒索。戏剧性的是，在审计人员到达前，这位副总经理已经调任为广东商管的招商营运副总，在得知审计人员二次调查后立即辞职了。

审计人员和该副总经理进行多次沟通，要求他尽快交出赃款，然而对方拒不配合，最终审计人员将该副总经理送交司法机关处置。这件事给万达敲响了警钟，因为它反映的不仅是某个人的问题，而是整片区域的问题。一个区域内几十名管理者都无视万达的企业制度，破坏了万达的企业形象，这在万达的发展史中是闻所未闻的，所产生的危害难以估量。

通过这件事，万达商管部门举行紧急会议，并调查管理中存在的漏洞，调查的重点是为什么在上级拒批的前提下涉案管理者依然能绕开OA审批制度，用内部联络单通过审批。显然，这是对万达严密的管理制度的公然挑衅和严重破坏。对此，王健林发表了严肃的讲话，表示万达应当从组织架构和制度上进行全盘考虑，从根本上杜绝类似事件的发生。

虽然这件事给万达造成了一定的损失，但通过对该事件的反思和查漏补缺，涉案人员得到了应有的惩罚，万达也进一步完善和规范了企业管理制度，并给其他管理者敲响了警钟。通过这个贪腐事件，万达的审计工作体现出了其重要性，万达的管理原则是不仅要将腐败现象进行彻查，还要通过审计制度来预防企业内部腐败现象的发生，由此才能真正促进企业管理制度和体制走向健全。

万达的管理制度是保障企业战略运行的关键，而审计制度是监督管理制度的重中之重。对待经济类案件，万达小心翼翼，也深知其中关乎的要害和敏感程度，因此，万达十分在意对腐败现象的侦测能力，由此确立了信息化和多媒体化的审计手段，利用大数据和严密的监督管控来完成对受审单位的核查工作。

万达的审计人员的专业性是保证审计制度足够严密的关键，只有具备了专门知识的审计人员才有资格应对这项工作。为此，万达确立了专业和权威的审计机构，配备的人员素质极高，他们能通过蛛丝马迹发现问题，比如，一张照片、一段时间的数据和一份OA流程，这些都能成为案件的突破口。

在上面提到的贪腐事件中，由于该区域的管理人员狡猾地避开了万达集团的领导审批，通过纸质内部审批单的方式绕开了内网流程，因此没有产生任何数据存底，按理说很难发现。但是万达的审计人员技高一筹，利用信息化和新媒体等技术手段，在第一次审计过程中，发现该区域的总经理在2014年5月将万达广场中庭场地免费提供给某个商户。为了获得进一步的证据，审计人员通过添加商户的微信，发现了一条名为"5月15日盛大绽放，××路演在万达等你"的朋友圈信息，将这条信息和财务部门进行核实后，发现这次活动并没有经过万达财务方面的审批。那么问题就来了：是什么人批准的？又是通过什么方式批准的？

利用这种侦测方法，审计人员顺藤摸瓜找到了更多的线索，发现了第一张避开万达内部OA审批的内部联络单，紧接着又发现了第二张和第三张，最终找到了51张免费提供场地活动的内部联络单，但是有四次甚至没有内部联络单。这种通过蛛丝马迹查询线索的侦破方式，可以和专业的侦查部门相媲美。

万达的审计人员擅长从细微处入手。一次，审计人员到成都的一个国际酒店开展审计工作，用了一个星期的时间从数万张单据中发现了问题，一部分进口原材料的入库单和出库单显示出自同一个人的字迹，但这些字迹又有不同之处。根据这条线索，审计人员一路追查下去，最终发现有人模仿出库员的笔迹签字，监守自盗，将余下的钱据为己有。如果不仔细辨别的话，很难从这些单据中发现如此微妙的差别，这正是很多审计工作者容易出现疏漏的地方，然而万达的审计人员却一直在强化这方面的观察能力，即使再小的疑点也难逃他们的法眼。

为了提升审计工作的效率，万达开发了众多相关的业务软件，审计人员借助这些软件，即使远隔万水千山也能发现线索。比如有一次，审计人员对酒店会员积分管理系统展开数据分析时，无意中发现有三家酒店的餐饮消费记录存在异常：频率较高、积分异常。审计人员马上从北京出发前往事发地点，后证实三家酒店的员工利用客人的消费为自己积分，涉及的金额巨大，特别是其中一家酒店，全体员工都参与了这种行为，已经具有群体舞弊的性质。

万达推行的信息化审计，能够让那些平时不易被发现的重大违规和舞弊的行为得到曝光，增强了审计工作的执行效率。有人的地方就有腐败的可能，特别是像万达这种赢利能力强的企业，更会滋生心术不正者去追逐利益。从这个角度看，即使是最完美的企业管理制度，也不能从根本上抑制人们的贪念，所以万达才努力培养和建设自己的审计队伍，加大对贪腐现象的侦查力度和惩治力度。

# 6. 一查到底的反腐预警机制


　　万达集团由于业务范围广、项目覆盖面大，导致管理链条延长、中间环节增多，作为集团高层，想要了解分布在上百个城市中的资金动辄百万元、千万元、上亿元的项目，难度可想而知。整个万达集团从管理层到执行层时刻都经受着金钱诱惑的考验，幸好万达制定了完备的管理制度和预防腐败的策略，让不少人在动心之后又打消了念头。

　　一方面推行高薪养廉政策。

　　外界一直将万达视为"土豪"级别的企业，不过万达的经济收益中会拿出很大一部分惠及员工。根据统计，万达每年有50%的员工升职加薪，加薪幅度高达20％。另外，非本地的员工还能够享受住房补贴、带薪休假以及年度体检等。此外，万达的员工伙食也领先大多数企业。即便有了如此优厚的待遇，万达还是坚持推行高薪养廉，虽然这个办法未必能从根本上解决问题，但能起到一定的遏制作用，毕竟万达有严格的管理和审计制度，加上对腐败行为的严厉打击，会迫使一部分人放弃贪欲。另外，由于万达采取了亲属回避和轮岗调换的管理机制，避免了企业内部产生复杂的裙带关系，也消除了管理者长期霸占某部门、某岗位从而"占山为王"的可能。

另一方面推行文化感染政策。

除了高薪养廉，万达还看重用企业文化来熏陶执行层员工和管理层的领导。王健林特别指出，年轻人来到万达工作是增长本领和增加幸福指数的，没有一技之长的人也不适合在这里生存，一旦他们在万达扎下了根，就要服从万达的一切安排。此外，万达对高级管理者的要求也十分严格，每个高管都要签署一系列的合同，禁止推荐任何亲戚到万达工作，单凭这一点就超过了很多企业，当然这还要依靠强大的审计制度来维系。

万达建立的审计团队是王健林唯一直接管理的部门，地位相当于万达集团的"纪委"。可以说，审计队伍中的每一个成员都是对万达绝对忠心、个人能力出色、团队意识强的骨干精英，对整个万达集团的人来说具有很强的威慑力。

首先，审计部门直接对王健林负责，形成了一种独特的企业组织架构分支，尽管其他企业也有这种直属的规定，但在实际操作中，老板未必真的去管。然而在万达这并非空话，王健林要对设计计划、审计结论和审计问题等诸多问题进行过问，每一个细小的环节都要向他汇报，而整个审计体系也是相对独立的，自身没有业务和利益冲突，不被任何人左右。王健林曾表示，他对占小便宜和贪污腐败等现象深恶痛绝，为此还特别送给集团高层六个字：勤奋、团结、廉洁。

在万达，人们已经将审计工作视为一种管理哲学，因为他们相信"人之初，性本不善"，必须对人性进行约束，万达的每一个人都清楚这是不可触犯的清规戒律。

其次，万达的审计工作具有极强的目的性。由于万达的业务范围很广，如果什么问题都要进行审计会耗费过多的精力，导致一些重大事件被疏忽。所以万达为审计工作制定了主线：对经营做评价、改善经营、防范风险等，其核心目的是确保万达的资产增值。从这个角度看，万达的审计工作并非全方位铺开，而是有目的、有针对性地展开。

万达的审计对象主要包含有权力的人、有舞弊机会的普通员工，有权力和寻私空间的业务环节，具体的防范措施是通过开展顶级专家的培训授课寻找切入点。经过多年的建设，万达聘请了不少国内外的精英对审计人员进行培训，因为万达很清楚，没有一支高素质的专业审计队伍，就不可能有高效率的审计结果。

万达要求审计人员不仅要具备专门的职业技能，更要有丰富全面的业务知识，比如财务、营销、行政的审计等，只有了解这些业务系统的具体工作，才能真正理解审计对象的工作状态和特点，才易于寻找突破口。曾经有一位审计副总经理，特别花了800块钱学习了三天的讲话技巧，就是为了提高沟通的效率。

由于万达的业务发展速度很快，每一年都会诞生很多新业务领域，新业务又催生了新岗位，新岗位必定有新的工作职责和工作理念等，因此万达的审计人员就需要不断地熟悉新业务和新岗位，他们会接受万达各系统的总经理讲课，通过他们了解每一个行业中的特点，确保正确的监督手段。这一类课程牵涉了影视制作、演艺、院线、文化旅游等众多业务，知识面很广、信息量巨大，审计人员要能尽快消化。

除了万达的内部人员参与授课之外，万达还会聘请国家各部委的专家前来培训。王健林曾经作出指示：每年万达要审计一两百次，审计的目标包含上千家公司和全部业务领域。在审计工作开展前，审计人员会听从王健林的指令去开展审计工作，任何一家公司都要尽力配合。

王健林对审计工作十分重视，每年年初，他至少要签署几百份审计指令，审计部总经理曾经建议王健林找人代签，王健林却还是自己签完了所有文件。只要王健林发布了审计指示，被审计的单位都要召开全体人员参加审前会议，甚至连保洁员和司机都不能缺席，在这类会上会讲解万达审计的作用和依据，从而让大家明确审计工作的目的。为了形象地说明，会上还会分析讲解一些典型的案例。听起来审前会议比较枯燥无聊，然而每一次开会大家都聚精会神地听讲，原因在于这些案例都是来自内部的。

2011年，万达查出了一起职务侵占案，审计中心的一位副总通过查阅OA发现，一个项目的售楼广告在北京电视台娱乐频道每晚11点54分连续播放了8个月，每个月花费29.8万元。而万达的管理制度是超过30万元就要上报集团进行审批，显然29.8万元是人为设定的一个数值。后来审计人员调查发现，11点54分北京电视台娱乐频道没有播放任何广告，签约的广告公司的工商注册法人代表后边的名字都被篡改了，还盖上了一个假公章。最后审计人员获悉，当事人将广告发包给了自己注册的公司。

万达的审计工作有一个特点：认真区分事件性质，弄清是好人办了坏事还是坏人办了坏事。因为有一些人确实不了解万达的规章制度和工作职权外的事情，偶尔犯错在所难免。不能将这些因为对制度不了解和执行出现偏差的行为当成贪污腐化行为，这是审计工作需要注意的敏感问题。对此，万达会让审计部门和受审单位加强沟通和了解，以便搞清问题的来龙去脉。

曾经有一个项目的总经理在一次招标中出了问题，经过审计人员核查，发现该总经理并非暗箱操作，而是不知道万达规定所有流程必须透明，所以才将几家竞标公司代表分别叫到办公室谈话，结果下属误以为这位项目总经理在作暗示，于是在招标中做了手脚。最后万达的审计人员认定，这是典型的对制度吃不透的结果，考虑到这位管理者在工作中的突出表现，审计人员仅仅给了口头教育，后来这位总经理成了万达的骨干。

万达的审计工作就是将严格和细致双管齐下，既不放过任何一个细节，也不轻易得出任何结论，形成了相互制约、相互推动的审计管理思维，这种优于大多数企业的操作方针，帮助万达在业务支系庞大、从业人员众多、项目分布广泛等操作难度较大的情况下，依然能有效地处理好审计管理工作，保证了企业既得利益和长远利益，也令执行层和管理层更为纯净。

# 7. 提前预警的万达式危机管理

任何企业的发展都难免遭遇曲折和危机，有的企业在遭遇危机之后停滞不前，有的企业却能逢凶化吉，归根结底，这并非由企业的"命运""劫数"决定，而是由危机管理能力的强弱决定的。事先进行危机预警，对可能出现的意外做好预案，一个企业就具备了抗风险能力。

企业的危机管理是应对危机的有关机制，是指企业为了避免或者减少危机给企业带来的各种可能的危害而采取的有计划、有组织的策略和措施，其中包括规避危机、控制危机、解决危机和危机后的复兴等一系列学习和适应的动态过程。

万达虽然被公认为世界500强企业，经济实力雄厚，但也不是高枕无忧。王健林多次提到，万达现在的房子也不好卖，他认为即使宏观调控从紧、从紧再从紧，万达也是最后一个死掉的房地产企业。虽然这句话听起来是强调万达的生存能力，却隐隐透出一种悲剧的预示。

从2011年开始，随着调控程度的深入和银行信贷紧缩，房地产行业一度面临着危机。万达曾经为了周转资金将酒店和写字楼等装修项目外包，甚至出让一部分项目的股权，让其他企业垫资。虽然这只是万达经历过的一个困难时期，但是对万达来说，危机就像达摩克利斯之剑一样，时刻悬挂在头顶，危机管理是万达绝不能忽视的工作。

第一，万达通过反手做大文化旅游产业，增加企业的生存概率和市场适应能力。

在万达经历的调控期时代，万达不断向文化产业进军，而在城市综合体的布局上开始放慢脚步，这种危机管理的着眼点在于，既要扩大以商业地产为中心的附属业务，也要借力附属业务拉大和竞争者之间的距离。不过，从企业长远发展的战略角度看，这种方法会增加企业的管理负担，但这是危机管理的先行之本。

第二，对城市综合体的进化采取模块化管理方式，小心推进。

通常，商业地产的发展路径有两种方式，一种是持续减少产业半径，另一种是不断延长产业半径。万达采取了延长半径的加法模式，只不过与其他商业地产公司相比，万达的产业半径相对要更长一些，而且随着市场环境的变化不断延伸，最大限度地增强了企业适应性。

第三，发行信托融资，增强资金支持。

万达的资金链在相对紧张的时期，除了依靠地方银行借贷，还有就是通过发行信托融资。在2011年之后，由于房地产调控的深入，这一手段越来越难以运用，导致万达开始寻找其他方式获取资金渠道，目前在一些新领域中有了突破。

第四，采用正确的公关策略。

危机管理中包含着一个重要概念——危机公关，特别是像万达这样业务范围较大的企业，辐射的客户群体十分广泛，公关管理是不可或缺的组成部分。随着信息时代的到来，网络上有关万达的各种谣言也多了起来，不过每次谣言四起时，王健林总是亲自站出来辟谣并严厉追查造谣生事者。这种积极的回应态度，帮助万达化解了品牌危机和企业形象危机，为万达在广大消费群体中树立了正面的形象。

其实，随着万达业务的高速扩张，难免会招来一些是非，加上资金需求巨大，也会产生一些不可避免的矛盾，如果不能通过危机公关纠正外界的错误认识，很容易影响万达在资本市场中的口碑和信誉，甚至关乎万达的生死存亡。

危机管理中有一个重要组成部分，就是要对自身的产品进行分析，从而预判可能遭遇的不利状况，从万达的支柱业务商业地产来看，主要涉及产品、价格、渠道和客户四个方面：在产品上，万达通过可复制的方式快速扩张；在价格上，万达采取了定位中端的策略吸引大量客户；在渠道上，万达将城市综合体作为辐射核心进行扩张；在客户上，万达将普通市民和城镇居民作为主要目标人群。

从业务构成的角度看，万达的危机管理必须考虑到目前的业务模块的现状。王健林认为万达最让他满意的是文化和旅游两个项目的投资，虽然当时进入文化产业时，很多万达的高层表示反对，然而现在万达的商业地产和文化产业形成了互相推动和支撑的关系，这是王健林为万达储备的竞争优势，也是万达危机管理中的预案准备。

在王健林看来，商业地产还没有到急需转型的节点，现实面临的问题是行业内的各种乱象，比如，投资方太多、工程项目太烂等，都可能促使整个行业陷于竞争无序的状态。不过对万达来说，最高效的危机管理就是创新，在新的创新思维中构建新的管理体系。其中，王健林最看重的是赢利模式的创新，这是能够带动万达管理创新的突破口，牵涉的有现金流管理和融资管理。

万达的危机管理反映出的是传统商业模式遭遇互联网之后可能被削弱甚至瓦解的现实困境，特别是房地产这种受制于经济环境、国家政策等外界因素制约的行业。而无论是进军文化产业还是旅游产业，万达都会遭遇行业洗牌，如何在新经济形势和市场环境的变化下适应市场，是万达需要解决的问题。

2012年，在央视中国经济年度人物评选现场，王健林和马云展开了有关"电子商务能否取代传统实体零售"的亿元赌局，当时马云认为电子商务一定能够取代传统零售，王健林却持相反意见。显然，王健林已经"放弃"了这个赌局，因为他也在为万达谋求电子商务的业务板块。其实，万达的危机管理和这次赌局所隐藏的某种"焦虑"有关，这个"焦虑"折射出传统实体经济面临的危机，也可以解释为：传统实体经济的经营者没有做好迎接第三次工业革命的准备。

当产业渗透到互联网以后，所有传统产业都将和互联网产生联系，不管是用户信息服务还是企业的业务流程，现在能够预见的是，和历史上的第二次工业革命相比，所谓的"第三次工业革命"持续时间会更短但波及范围更大，影响也注定更深远。万达作为一个正在走向全球的龙头企业，势必要建立起完善的危机管理体系，对万达可能在营销、管理、客服等方面遭遇的冲击进行预估，减少在时代震荡、产业革命、思维转换等历史进程中消耗的成本，用反渗透的方式合理规避，确保万达集团实现平稳过渡。

## 第四章

# 执行力比创造力更重要

> "
>
> 不存在不服从，不服从就解雇，大家都想在北京、上海了，那你公司怎么发展呢。当然特殊情况也讲人情。
>
> "

# 1. "提前完工"的万达式效率

在万达内部流传着一句话："宁愿累死自己，也要饿死同行。"这句话听起来有点腹黑，却真实反映了万达人的工作作风——在市场竞争中铆足全力和同行较劲，而只有做好牺牲自我的准备才有机会将同行"打倒"。这句话被做成条幅悬挂在万达内部，万达之所以将这句话当成激励员工士气的座右铭，是为了强化执行力。

四川的一个万达广场于2015年6月5日开业，当距离开业还有几个月的时候，整个广场完全是一团糟：墙壁没有粉刷、瓷砖没有贴上……给人感觉不可能按时完工，也必定会有不少同行等着看万达的笑话。事实上，如果万达广场在施工时遭遇了材料、人工等问题，延期几天开业也是正常的，可让大家没想到的是，这个广场还是准时开业了，让人不由得惊叹万达的工作效率。

事实上，万达从来不担心能否按时完工这种问题，因为只要作出了计划，就一定要在规定时间内完成。那么万达是有神仙相助吗？当然不是，万达信奉的是事在人为。既然施工过程中难免遭遇意外，万达就规

128

定所有的万达广场项目都必须在预定时间的前一个月完成。

凡是参与万达施工项目的人，不仅要遵守万达集团的模块化系统，他们自己还准备了一套内控模块。这个内控模块是一个比万达集团模块更有效的管理系统，能够对整个项目的运行和操作进行指导，用一句话形容就是"戴着脚镣奔跑"。为此，万达要求参与者加强计算机的操作能力，于是在万达流传了一句话叫"不会干，看电脑"，也就是说建立了内控模块之后，无论是新员工还是能力差的员工，都能迅速学到内控模块的使用方法，只要弄清其中的运作节点和运行流程，基本上是不会出问题的。进入操作流程之后，每个人只需要弄清自己该做什么，不需要考虑别人做什么，这个内控模块给予了员工更多专注工作的机会。

万达建立内控模块管理是为了提高执行效率，为了保证效率进行了严格细致的计划和安排，不仅模块设计得十分详细，而且大模块套着小模块，每一个模块都有自己的运行轨道和适用对象，不会让员工摸不清方向。

内部控制管理能够反映出一个企业各级管理层的管控能力，它的作用是维系经济资源的安全和完整，保证会计信息的准确性，协调经济行为，对经济活动进行合理的控制。万达通过企业内部分工产生一种相互制约和相互依赖的关系，建立了具有控制职能的手段和措施，打造出属于自己的内部管理模块，从而形成了严密完整的体系。

万达经过长期的发展建立了强大的内控模块，模块控制下产生了完整的计划体系。每年9月，万达计划部都会开始梳理第二年的项目计划，哪些项目负责开发、哪些项目要出售，早就写进了计划当中。支撑这一系列计划的就是内控模块系统，它有着三个重要的意义。

首先，内控模块充满魅力，是对整个项目运作和操作的计划，能够进行有效的方针指引，能够建立稳定的运行框架。万达根据内控模块奠定了全盘布局，能够减少不必要的沟通环节。为了完成这个内控模块，任何人都会全力以赴地工作；其次，内控模块能够让员工明确任务的进度，不敢拖延时间，因为一切都落在纸面上，所以无法反驳，这就是内控模块对项目的推动作用；最后，内控模块能够方便管理者把控任何一个项目的全局，能够了解项目的进展过程，让人们熟悉万达集团的运作模式，让管理者在心中形成清晰的指挥大纲。

万达内部的工作流程是，先将模块方案下发，让大家对照着做好自己的工作，假如有设计无法完成，就不能正常作出成本预算，也就不能招标，也无法拿到工程图纸，施工进度就会被拖慢。因此只有并肩作战，相互配合，才能将一个项目顺利完成。内控模块能够帮助项目的参与者明白底线在哪里，如果没有内控模块就会使其失去方向。

万达之所以能确保每个项目的顺利开展，在于项目开始之前，会首先敲定一个大框架，在这个框架中进行合理的沟通，并根据实际情况对模块加以调整。因此，在大模块敲定之后，还会对比大模块之外产生的内控模块，而这个内控模块相对而言会更加苛刻。通常，内控模块的节点时间会有意提前，从而保证工期。

内控模块是整个管理模块的核心，是一个帮助总模块流畅运转的轴承。万达在2017年该做哪些事情，会通过模块进行预测，万达的年度计划之间没有太大的差异，也都是因为预测准确。不仅相隔两年的年度计划差别不大，甚至相隔三四年的时间也不会产生太大的出入。通过一系列的模块化管理，万达各个部门、各个系统的负责人会明确自己明年要赚多少钱、要花多少钱以及要招聘多少人等问题。从这个角度看，模块化是万达确保全部项目顺利完成的法宝。

管理模块下还有众多的工作节点，这些节点如同接力棒，必须每一棒都顺利交接才能成功到达终点，所以每个责任部门都要在节点内完成预期目标，保证项目的安全落地。如果节点出现了延误，那就是某个环节出现了问题，而这会让整个项目陷于被动甚至停顿，因此每个人都要避免发生这种情况。

万达的模块系统，是一个相互关联、相互咬合的有机整体，能够与万达集团整体的管理系统相匹配。为了确保计划的顺利实施，每一个内控模块都会要求管理系统中的时间提前，这样才能有效保证工期。假设某个万达广场规定在2017年5月1日封顶，那么内控模块就要求在3月1日封顶。虽然内控模块是万达自己定的，但是万达集团发布的时间节点不是某个人或者某个团队可以随意更改的，而是死命令，你做不做，它的时间节点都摆在那里。而且，一旦敲定了时间节点，万达不会因为任何原因允许你推迟，如果完不成就会扣奖金甚至开除。而万达的奖金很高（通常相当于一个普通员工一两年的工资），为了完成这个目标没人敢松懈、怠慢。

即便有了严格的时间节点限制，施工过程中依然会出现各种问题，那么这个时间究竟是怎样计算出来的呢？如果真的超出了人类所能掌控的范围，岂不是给执行者出难题吗？这点不用担心，万达的内控模块是科学化的产品，在美国和欧盟都申请了专利保护，它按照项目之间的差异进行了分类，有20个月的工期、有22个月的工期、有24个月的工期，等等，整体项目计划模板达到了350个节点，而且节点和节点的类别也不同，万达为此确定了差异化的管理方式。

万达的发展速度总是被人们视为神话，连续多年的环比增长超过了30%，而年增速最高达到了45%，万达有理由不客气地说：想什么时候开业就什么时候开业。

如此高速的建设速度，不单纯是依靠军事化管理或者物质奖励，也不仅仅是依靠内控管理模块，而是在万达形成的一种强而有力的执行文化。也就是说，只要是万达的人，无论在哪个岗位，都培养出了高度的执行意识，而执行意识的养成和内控模块管理密不可分。

万达在长白山建立的国际度假区，给客户提供了良好的体验，然而这个偌大的度假区只用了26个月的时间就建成了，占地120万平方米，包含九个酒店和亚洲最大的滑雪场，另外还有三个高尔夫球场和旅游小镇等，绝非一个小规模的工程。更重要的是，长白山一年中只有一半的时间具备施工条件，一旦进入10月之后就会大雪封山，雪深达一米多，别说开车，就是徒步都有困难。然而为了完成任务，施工队还是克服了重重困难，提前完工，这就是万达提倡的"提前完工"。

一般来说，建立一个购物中心，决算超过预算15%~20%属于正常范围，而万达进入不动产领域之后，开发的100多个项目都是成本低于预算，其中包含万达广场和万达酒店，而且净利润也高于预算，这简直是一种"反人类"现象。万达却能做到，原因在于内控模块起到了"定海神针"的作用，无论遭遇何种意外都不会干扰既定计划，相反还能提前或者超额完成。

万达人有着高度自觉的执行力度，他们有申请了全球专利的模块管理系统做指导，同时能竭尽全力地完成本职工作，这无疑是执行文化的力量。

## 2. 会后必须落实决策的工作准则

世界上有千万种企业，就有千万种不同的企业文化，哪怕是在相同的写字楼办公，哪怕使用着同一款电脑，企业和企业之间的文化也存在着巨大差异。在不同的企业文化影响下，就连企业的日常会议也会体现出迥异的风格，因为开会也是一门学问。

开会是企业的常态化工作，很多企业在大小例会上都能诞生"伟大战略"，参会人员也会喊出各种豪言壮语，然而开完会之后能执行、贯彻下去的却不多见。万达的会议宗旨是，绝不能开完会就拍屁股走人，因为每一次重要会议都有会议纪要：谁在会上发表了讲话、谁口头立下了军令状，都有记载。不要以为会议结束就万事大吉了，每个人都有责任和义务落实会议精神，每个人都要对自己在会上的发言负责，因为万达有自己的会议督办系统。这个系统会将会议涉及的事务落实到每一个人身上，每件事和每个时间段都掐算得十分准确。

和其他公司相比，万达的各类会议的确不少，每个星期每个部门至少要召开一次例会，还有月度会和季度会，此外还有半年总结会和全年大会。在万达最常见的会议是部门的星期例会。为了充分落实会议纪要中涉及的任务和计划，万达专门开发了任务追踪系统，即通过量化手段督促大家落实会议精神。

万达落实会议精神的方法是，每次开会都能看到会议系统中显示的你要完成的任务日期和完成进度。项目负责人会根据这个系统进行对比，需要经过汇报才能确定完成了哪些工作，下一次开会时能进展到什么程度，是否可以在预期时间内完成相关任务。这个过程是公开透明的，记录员会将所有的数据收录到一个系统中，等到下一次开会时进行核对，然后根据新的会议精神建立新的任务和任务跟踪记录。为了方便大家了解和掌握进度，可以通过手机查看任务节点，即使你忘记了，也会在临近某个节点的时候自动提醒你加快进度。

很多企业都会说狠抓落实，然而在万达从没有人这样说，因为完全没必要，万达已经有了强效的督促手段和执行流程，每个人也都清楚自己在不同的时间节点该做些什么。因此，万达的会议管理在业内相当有名，万达开会也永远不会有人迟到，因为王健林自己就不会迟到，在这种企业文化的背后有个著名的"动车理论"。所谓动车理论，就是火车需要车头来带，而车厢不具备动力基础，所以整体速度有限，但是动车则不同，它在每个车厢上都安装了动力装置，等到整车运行的时候，车厢和车头会产生联动效应，速度得到提升。万达就是利用这种动力叠加的效果形成了良性的企业文化。万达开会时，会要求下一级比上一级早来五分钟，这不仅体现出了一种尊重的态度，更能避免会议召开前出现混乱的秩序，然而这并没有被写进公司的规章制度里，而是万达人默认的规矩。

万达有提前到场的规矩，也有不允许迟到的规矩。当万达总部还在大连的时候，一次9点开会，正好天降大雪，一位副总开车前往，由于汽车驱动力不够，在一个坡道上浪费了很多时间，最后惨遭批评。会议结束后，副总马上换了四轮驱动的车，即便万达总部搬到北京之后他也开着这辆车，为的就是提醒自己无论什么时候都不能迟到。万达从高层到基层，每个人都将"不迟到"奉为金科玉律深藏于心，因为它体现的不仅是遵守时间的态度，更是一种担当责任的态度，这一切都和"动车理论"有关。

万达开会的时候没有人会睡觉，也没有人敢睡觉，个个精神高度集中。万达的会议从来不发会议报告，全部内容只有王健林知道，单凭这一点就让很多人紧张，大家会一边认真听报告一边准备展开讨论。即使是在年度总结会、庆功会上也是如此，参会人员随时都需要做好回答部门主管提问的准备，因此绝对不敢松懈，只有牢牢把握会议主题，认真领会会议精神，才可能在会后有效、快速地执行。

万达还有一个会议要求，参会人员不能只点个卯、走走过场就敷衍了事，必须派有话语权的人参会，很多时候部门的管理者必须亲临现场，不能找人代替，更不能在会后谈起会议纪要时一问三不知。参会人员必须能回答和解决会上提出的问题，因为这关乎万达重要决策的落实。对领导提出的问题不能答非所问，不能避重就轻，也不能说模棱两可的话，更不能推脱责任，如果某个项目出了问题，一定要详细说明原因。此外，在汇报的时候必须是相关负责人亲自发言，不能找"代言人"。

万达的会议规矩是：副总裁听会，必须总经理汇报；总裁听会，必须副总裁汇报……依此类推。这个要求是确保管理者身先士卒，有了高层在场，中层和基层就必须认真准备，全面了解上级交代的工作计划。

值得一提的是，万达的高层管理者都是行家里手，对那些敷衍式的、蒙骗式的回答能够一眼识破，只有拿出干货才能让领导满意。

万达将会议精神当成规范和约束员工的兵法，让每一次会议都有鲜明的主题和严格的流程，让会议精神真正被参会人员领悟。在万达看来，开会的最终目的是在不同利益差别的群体中传递信息、统一思想，解决不同部门和不同岗位之间的利益冲突，这才是会后能否执行会议纪要的先决条件。如果不能站在一定的高度进行合理规划，会议传递的信息很可能被多数人误解，会上进行的讨论也难以落实。

能否成功组织一次会议并将会议精神落地实施，可以反映出该企业的内部管理能力。开会是企业生产力的虚拟形态，没有经过头脑风暴的决策、没有经过唇枪舌剑的论证，就不可能有企业的战略布局和长远发展，而万达独特的会议文化恰恰说明了它的过人之处。

# 3. "准时开会和准时散会"的启示

时间管理是企业提高员工素质的培养课程之一，一个缺乏时间观念的员工，即使个人能力再突出也会遭到限制。当前市场竞争并非单纯比拼人才和技术，更是比拼时间效率的竞争，只有让员工树立正确的时间观念和时间管理能力，才能让企业在市场竞争中占据优势地位。

时间是企业管理工作中的潜在资本，具有不变性、不可存储性、不可替代性和伸缩性四个特征。因为时间流逝是不可逆的，所以必须提高时间管理效率，提高对时间的利用率，这样才能提高工作效率。

所谓时间管理是通过技巧和技术层面的因素促进人们完成任务。然而，时间管理也不是将全部事情做完，是凭借有效的运用减少对时间的浪费，更好地掌控时间。站在企业管理的角度看，除了要决定做某些事之外，还需要决定不做某些事。因为时间不可能被完全掌控，只能通过减少可变性进行控制。

企业的时间管理最重要的功能是通过预期规划对员工进行提醒和指

示，从企业发展的角度来看，时间管理是企业管理的重要组成部分。从表面上看时间不计在成本之内，然而在实际操作中，时间会影响其他资源的消耗和投入，根据相关数据显示，好员工的时间利用效率超过差员工十倍。

万达式开会体现出时间管理的成功，比如，万达在会务手册中明确规定，会议几点结束就几点结束，从来不存在会议延迟的情况。为此，万达达到了三个目的：第一个是会议通知时就明确了开始和结束的时间；第二个是合理安排会议议程，让每一个会议事项都确定起止时间；第三个是会议主持人必须调动参会人员的积极性，同时控制好时间。比如在开会时是王健林讲话，预计时间是一个小时，那么距离会议结束就不会超过五分钟。

在万达的一些重要会议上，有的参会人员要进行提前预演，而且不止一次，目的就是算准时间。在万达，每个人几乎都能用几分钟做完发言，所以万达的大会、小会都不会超时，只会缩时。这样的时间管理不单纯是为了节省时间，而是让每一个发言者都能找出发言的要点，对自己手头的工作有一个清晰的概括总结，更重要的是，万达通过对会议的时间管理确保了公司从管理层到执行层都能养成良好的时间观念和责任意识。

在万达会务手册中，还明确规定了会议的具体内容，很多细节也都写入在册。比如会议的流程、会议的主题、参会人员以及每一个议程所需的时间，包括员工在哪一场、哪一张桌子开会以及穿着的服装和餐厅，等等，都有明确的说明和介绍。除此之外，万达还为参会人员配备了一张胸卡，胸卡上标注的就是浓缩的会议流程，每一张小卡片都包含了私人定制的内容。胸卡的正面通常是参会人员的照片、姓名、职务以及部门等信息，胸卡的背面是会议流程，比如，第一天的晚宴地点、时间以及就餐时的桌号，还有次日开会的时间、地点以及座位号，等等。只要看完胸卡的背面，每个人都会清楚开会期间的流程和自己要做的准备工作。

随着时代的发展，万达也对胸卡进行了改革。在2015年的半年会上，万达开发出了一个会议管理系统，被正式运用在了万达集团移动APP当中。APP的首页是日程安排，有利于会议期间的各种管理，只要点开会议须知就能看到几个板块，比如，开会期间的天气情况、提醒参会人员穿着的衣服等，衣食住行可谓无所不包，甚至具体到参会人员几点上车、在什么位置上车、由哪些司机负责，等等。这里面还有很多应急方案处理，比如参会人员找不到自己的座位该怎么办。这样做不仅是为了给参会人员提供方便，更重要的是提高了他们的时间利用效率，避免因为犯错而影响会议的正常进度。

万达的时间管理做得十分细致，以会议APP为例，如果参会人员有任何疑问，可以通过APP当中的"会务人员"进行询问，如果对某些安排或者解决方案感到不满，还可以提意见并能很快得到答复。万达通过会议APP节省了纸张，减少了分派、包装、邮寄等多个环节中消耗的物料成本和人力成本，将该APP打造成一个移动的贴心小管家，其已成为万达内部提高时间管理效率的利器。

万达一向以高效的执行力作为企业运营的准则，准时开会和散会恰恰是从细微之处反映了万达在时间管理、会务管理、计划管理以及人员管理等方面的执行效率，展示出万达以世界一流企业为目标的决心和实践能力。

# 4. 驱动员工产生执行意识

　　企业实力的强弱和生命的长短，很大程度上与领导者的个人特质有关，远虑者能带出具有战略思维的企业，短视者只能带出昙花一现的短命公司。

　　很多企业的领导者都是行伍出身，《福布斯》杂志曾经对世界500强高管进行调查，在5000人当中有30％的人毕业于西点军校。中国的企业家如柳传志、王石、任正非等也是军人出身，他们带领的企业具有很强的执行力和亮剑精神，这是因为行伍出身的人本身就经过了淘汰和筛选，加上军事训练中培养的坚忍性格和坚定意志，促成了他们顽强的个性和强悍的作风。当他们是普通员工时，有着超强的执行力，当他们成为管理者之后，会带动整个企业产生更强大的执行文化。

　　企业内部所凸显出的执行力，并非单靠企业内部员工独立完成，需要跟外界进行配合，特别是涉及很多复杂事务的房地产企业，从用地到选址再到拆迁办证，会有很多制约因素。通常，企业的执行力也分为内部执行力和外部执行力两个维度，外部执行力涉及更为复杂和不可控制的因素。

能够做好外部执行力的企业，才是真正具有核心竞争力的企业。万达的外部执行力从不依靠行贿这种黑手段，而是凭借自身建立的商业管理模式来实现的。因此，万达的很多项目并非主动上门央求得到的，而是被邀请的，因为万达在项目管理方面具有很强的竞争优势，产品质量管理也十分出色，所以万达的工程总会被地方政府视为政绩工程和民心工程，因此政府部门都会积极配合，推动项目的顺利实施。

万达的很多地产开发项目都是净地，是在排除一切不可预见的因素之后敲定的，能够避免很多不必要的麻烦，通常只要拿到消防许可证就能够顺利开业。而且万达敲定的方针是没有项目许可绝对不会开业，为此专门成立了万达设计院，目的就是从最科学、最严谨的角度规范商业消防设计，避免因此类问题导致的项目中断和工期延缓。

为了避免一切可能出现的问题，万达设计院将工作做到最细，比如规定不能超过四层就绝不会超过，完全遵从国家规定。从设计的角度来看，万达充分了解并掌握了全国的施工要求和特点，由于每个地方的规范条件都不同，所以万达在设计的时候会采用针对性的设计方案，减少了在审批时遇到的障碍。

执行力的强弱与否和企业管理是否集权有着一定的关系，万达的执行力管理经过多年的摸索和锤炼，已经形成了完整、成熟的体系。

第一，扁平化管理。

外部执行力想要提升到位，就必须在制度设计上做出考虑。万达采用了垂直管理的模式，比如成本部门、财务系统和质量监督系统等，都是总部垂直一条线，出发点就是对任何人都充满怀疑和不信任，这样就在对外招标时确保招标单位的可靠性，为提升外部执行力奠定了基础，让所有涉及对外沟通的岗位形成相互支持和相互制约的关系。

第二，后方保障。

前有制度制约，后有规则保障，这样才能促使企业的外部执行力有落地实施的可能，万达凭借严格的内部审计措施，在这种严格的管控体系之下，很多驻外的高管人员无法在大权独揽的情况下恣意妄为，每年都有人被送进监狱。

第三，"中央集权"。

制度是确保执行效率的最佳保障，特别是在商业地产的发展初期，这种管理模式十分有效。过去，万达不少地产行业的项目经理权力很大，因为他们要和企业之外的政府和相关部门对接，涉及外部执行力的问题，于是便有了"将在外君命有所不受"的某些特权。显然，绝对的权力必然产生绝对的腐败，万达后来进行了改革，敲定了"中央集权"的管理思路，弱化了项目总经理这一类的角色作用，只要不合格随时都可以换掉。为此王健林曾说："不存在不服从，不服从就解雇，大家都想在北京、上海了，那你公司怎么发展呢。当然特殊情况也讲人情。"

万达正是通过这三条措施将权力集中，形成了以王健林为核心的管理层，保障了企业对外执行力的巩固和强化。

外部执行力的强化需要在内部执行力加强的基础上完成，如果企业自身的商业计划、商业目标都模糊不清或者操作混乱，就难以实现与外界资源的联动和对接。万达为了强化外部执行力，加强了内部控制管理工作，计划做到十分详尽的地步，从财务到成本到人员招聘等，都通过一套庞大的工作计划模块进行管理和优化，并多次强调"进度就是现金流和生命线"。正是建立了严格有序的计划管理体系，才让万达的地产项目顺利推进，助推了外部执行力的增强。

为了保证工期提前完成，强化和外界资源的关系，万达会通过超常规手段，目的就是拿到地之后马上开工，尽量避免不可预知的因素干扰，做到了人员前置、招标前置和设计前置。在这一系列环节中，万达尤其重视水电、消防等工程子项目的规划和管理，因为这是外部执行力的基础。

　　内部执行力是外部执行力的基础和先决条件，在万达的一次内部讨论会上，有项目经理在汇报时表现得十分悲观，结果被王健林痛骂了一番："干不了。那我们讨论什么呢？你可以说，有困难，一二三四五。肯定不行，那就是你不行。"一个项目对外执行效率的高低，和内部执行力的强弱有着必然联系，因为万达的内部执行力得到了强化，才能助推外部执行力的提升，从而有能力屏蔽一些干扰因素。

　　万达自上而下推行严格的企业管理模块，超过了一般企业的想象。为强化外部执行力的各个流程，万达对内部的时间节点进行最大限度的挤压，给自己争取了最大的发展空间，等于在客观上挤压了竞争对手的生存空间，确保了万达在行业内的优势地位。

# 5. 狼性基因激活执行效能

万达人的执行意识成为一种魔力的象征，在外界看来，从上到下，无论是管理层还是执行层，都像打了鸡血一般长期处于亢奋状态，为了一个指标而疯狂工作。如果从"基因"的角度来看，那就是万达将"狼性"特征注入了员工的精神中。

王健林曾说万达拥有全世界最强悍的执行力，这种说法看似夸张，但并非言过其实。2016年，王健林凌晨4点的行程单刷爆互联网之后，人们这才意识到：一个比你有钱、比你年龄大的人却比你还要努力。这种精神内力和万达潜藏于企业文化深处的狼性基因是密不可分的。王健林能用强势和战略眼光去领导团队，整个团队的战斗力自然会高涨。万达人宁愿死在冲锋的路上，也不愿苟活于逃跑的途中。

第一，狼的危机感。

生活在草原和丛林中，随时会面临食物短缺等各种危机，这种危机感会促使狼将每一次捕猎都视为必胜的唯一机会，否则就会挨饿甚至饿死。业内的人都知道，万达的猎头费用极其高昂，每年数千万元，所以有人戏称"万达的人力资源老总们不在招人就在招人的路上"。从这个角度看，万达的人员流动性比较高，每个月都会发布多达上百份高管任命名单。这并非说明万达留不住人，而是在残酷的外部竞争和内部考核中，不能适应万达企业文化的人都要被淘汰。

通常，一个人在进入万达的前三个月是最艰难的，只要熬过去就基本能适应万达的工作节奏，但仍然存在着被淘汰的危机。比如，业绩没有完成、重要一二级节点亮红灯，或者是被审计时发现了问题等，哪怕因为开会迟到也可能影响职位的稳定，所以能在万达工作超过三年的高管，自然都是经历过千锤百炼的精英。

万达对人力资源的配备十分讲究技巧，为此总结了一条公式：懂营销的设计总+懂营销的财务总+懂营销的成本总+懂营销的工程总+懂得整合资源的营销总+支持营销的项目总=优秀的项目团队。

如此组织严密、要求极高的班子，反映了万达人天然的危机感，只有将对营销的理解升级到极致，才可能完成一项任务。

有人抱怨万达的管理缺乏人情味，这确实有一定道理，但根源是什么？如果处处讲人情，那么员工的危机感从何而来？在制度和指标面前，道理和人情都要让路，万达之所以能一路高歌猛进，正是得益于强烈的危机感和严酷的工作氛围，这种凝聚了狼性基因的强势执行力，避免了"船大难掉头"的一般规律，让万达能够在去房地产中心化的战略转型中游刃有余，而换作其他企业可能会出现各种问题。

危机感能够促进员工增强自我管理的能力，从而和企业的人力资源管理融为一体。万达的管理层不管加班到几点钟，第二天都会准时上班，因为如果负责人不出现，谁来发号施令、统领全局？更重要的是，管理层只有以身作则，才能带好团队，这是发挥头狼作用的表现。

一个有着强大市场生存能力的企业，一定是有危机感的企业，微软有"离破产只有18个月"，华为有"华为的冬天"，危机文化成为企业快速成长、强化人员管理的优秀基因。很多国企之所以没有私企战斗力强，是因为没有危机意识，时间一长自然会失去奋斗的意志，执行力也会大打折扣，在这样的企业中做好管理，难度可想而知。而人人头上有指标、人人心中有压力的万达，就能够贯彻这种执行精神，并传承和发扬下去。

第二，狼的尊严感。

狼是食肉动物，虽然并不站在食物链的顶端，却是最看重尊严和荣誉的动物之一。万达也是如此，每年的营销大会上，很多高管人人自危，因为业绩突出的区域公司经理会上台分享经验，业绩没有达标的会上台述职甚至遭到当面质疑，同样都是奋战了一年、同样付出了辛苦，谁不想给自己留点面子，谁不想挣得尊严？举个例子，在万达的各种例会上，大家都非常重视PPT的撰写，从内容到排版布局，要求非常严格，而且会被集团高层过目检查，稍有差错就要重新修改。为何如此重视一个PPT？是因为PPT代表了一个部门、一个万达人的工作态度，能够决定是否获得尊重和荣誉，而只有拿出干货和精益求精的态度，才能被整个团队认可。

万达的军事化管理中也渗透这种因素，对胜利的渴望、对荣誉的渴望和对尊重的渴望。这已经融入万达的企业文化和管理理念当中，大家都懂得一损俱损、一荣俱荣的道理，每个人都沉浸在具有荣誉感的团队中，唯有努力拼搏才能赢得尊重。

第三，狼对自然的敬畏。

尽管狼是残忍的猎杀者，但它始终受制于丛林法则，万达也是如此，不管你多么优秀，都要对制度和规则心存敬畏。万达的执行管理如此高效，在于能够把握好授权，只要你有权限，你就说了算，但责任也由你来承担。很多时候，万达会利用扁平化管理来掌控团队和项目进度，这样做的好处是，一旦有项目的成功经验和教训便能够被其他项目团队快速分享和反思，比如，宣传海报设计、商务活动策划等，这其中反映的就是万达的规则。每个人只有遵从规则，才能将专业技能提升到最大化。

万达曾经有一个文旅项目，年度任务是15亿元，整盘营销费用占到2.5%，在第一年集团总部给了5%的营销费用，也就是7500万元，其中营销推广和活动费用预算为2000万元。开盘之后，万达集团的营销专审人员过来检查，认真核对所有开销，最后并没有发现任何问题，这个项目成为标杆性的项目，上了万达的月度营销大会，其成功的经验也随之推广到整个集团。

正是有了绝对的授权才出现了绝对的腐败，万达并不惧怕出现腐败，因为在腐败之外还有更为严格的规则进行制约，这些都是万达管理文化中重要的组成部分，有了规则的制约才让管理者和执行者都敬畏企业文化。

万达的组织活力如此强大，是因为无论处于何种发展阶段，都能适应外部的变化，同时又能保持内部的激情。万达的狼性基因，一方面积极营造了危机感，另一方面又培养了团队成员的尊严感，在这个规则体系的制约之下将产能激发到最大，可以看成是一种"胡萝卜+大棒子"的管理战略，在这种战略思维的引导下，万达才能调集群狼之力，攻坚克难，无坚不摧。

# 6. 升级资产管理输出，保障执行效率

　　企业的管理模式并非一成不变的，需要随着时代的发展不断调整，特别是房地产企业，在一线城市商业繁华地段出现白热化竞争的风潮愈演愈烈之际，资产管理输出模式要紧跟着密切升级才能减轻资本压力。因此，不少企业将资产管理输出模式纳入企业发展战略的高度。

　　资产管理输出模式的升级，和商业地产从黄金时代走向白银时代的背景变化有着密不可分的关系，目前地产竞争已经从初期的开发模式走向运营和资本竞争，竞争的激烈程度越来越大，这似乎预示着要进行行业洗牌。虽然从表面上看，商业地产促进了城市的繁荣，然而随着投资项目逐渐增多，建设成本也越来越高，让很多房地产企业运用互联网思维打造新的商业地产新生态，减轻企业发展的负担，升级资产管理输出势在必行。

　　自从万达确定走轻资产路线之后，王健林表示要在今后凭借拿地建设和商业输出管理模式两条腿走路。现在，商业地产的轻资产模式包含三种状态：第一种是以基金为主导的商业地产开发和运营结合；第二种

是引进基金成立合资公司，按照49％和51％的持股比例展开合作；第三种是直接和委托项目进行接洽，以输出运营团队和授权品牌的方式进行合作。

和团队、品牌的输出管理相比，与基金合作的管理输出模式是最适合房地产企业的管理模式，因为只有和基金合作，才有利于合作双方把产权和管理权分开。这样不会让基金方参与到管理中，避免了项目运营中遭遇到意见分歧等问题。一般来说，合作团队存在着两种体系和管理模式，假如团队成员互相猜忌和怀疑，或者沟通不畅、磨合欠佳，就会影响项目的正常运营甚至导致计划流产。

通过近几年万达发布的筛选项目标准能够发现，资产输出管理虽然能够帮助企业减负，然而在选择项目时犯错也会抵消这种管理升级带来的优势。从目前万达敲定的轻资产项目来看，地级市是万达的主要目标，而人口是确立参考依据的关键，比如，万达要求项目所在市区人口要超过40万。万达还明确规定，轻资产项目的地上建筑面积必须超过8万平方米而且要位于城市中心区域。另外，轻资产项目不包含百货业态，聚焦受电商冲击小的餐饮以及影城和健身等体验式业态。

资产管理输出并不是房地产企业的创新概念，这种模式早在百货繁荣时代就广为流行，在20世纪90年代，赛特和燕莎这种百货集团都以输出管理模式进入外埠地区。然而事实证明，因为管理输出模式在合作团队和经营理念中存在着不稳定的因素，所以会和企业的预期目标产生较大的冲突。以赛特为例，当初是想凭借轻资产零资本投入的模式在全国范围内复制赛特门店，最后通过引入资本等方式完成全国连锁店的建立，却在具体的实施中遭遇各种问题，最终未能实现。

资产管理模式输出的升级也是时代的需求，现在有很多做矿业的民企、做基建的国企，本身并不缺少资金和地皮，但是因为不懂做商业，导致很多项目中断或者进展极其缓慢，而进行了资产管理输出升级的企业，更有实力将这些项目盘活，这是万达升级的出发点之一。当然，采用团队和品牌层面的输出管理存在着一定的操作困难，对于那些受委托的团队，在帮助业主妥善解决运营团队和品牌招商等工作之后，业主方只要从中学习一些经验和窍门，就可能不再进行相关的业务合作，转而由自己操盘或者从委托方团队挖人。显而易见，资产输出管理升级存在着一定的风险。

万达一向将带销售物业的项目视为重资产，不带销售物业的项目视为轻资产。在具体合作当中，合作方负责出地皮、出资金，而万达负责出售管理和品牌。也就是说，合作方负责获得项目用地的土地使用权，同时承担土地出让金和项目建设需要的一切投资，万达商业地产主要负责项目的建筑规划设计和商业规划等事宜，双方最终按照开业后的租赁净收益分成。

过去，万达的重资产项目基本集中在一二线城市，而轻资产项目走了"农村包围城市"的路线。由于三四线城市发展有限，所以对地段的要求会更高，也就是说，三四线城市的竞争比一二线城市更加激烈。为此，万达内部确定了3年拓展1500家的目标，最终目的是控制中国商业地产。虽然外界对万达的这个大战略褒贬不一，但是可以看出万达在升级资产输出管理模式后，减轻了不少负担和压力，有更多的拓展空间瞄准蓝海市场。

现在国内商业地产遭遇的最大瓶颈并非开发和建设，而是和消费者的需求变化有关，商业地产注定要跟随市场的脉搏作出相应的调整，必须提高企业的管理效率和管理质量。因为一旦有项目存在先天的设计缺陷，会给管理团队的实际操作带来很大的麻烦，所以，无论是多大规模的房地产企业，都必须严格遵循市场规律。

　　万达是倡导轻资产路线的领军者之一，现在有很多地产商都在考虑向轻资产转型，然而在中国当前经济环境的背景下，想要打造整条价值链并完成规划并不容易。因此，万达在去房地产中心化的战略计划之下，也要在一定程度上维持万达广场、万达酒店等商业地产项目的投入和建设，毕竟购物中心这种层面的商业地产覆盖着很广泛的领域，资产输出管理的升级要确保原有的基础不动摇，才能真正完成更新换代，适应市场的变化。

# 7. 运营管理效率决定企业生命周期

　　运营管理是维系企业正常运转的保障，也是企业能否适应市场变化的参照物。万达发展的二十几年间，依靠的正是对市场敏锐的嗅觉，从而及时调整发展战略和业务方向。

　　第一，将实体商业和电商相结合，完成"互联网+"业态构成。

　　万达虽然不是互联网公司，也不是依靠互联网起家，从企业基础上讲似乎没有天然优势，然而万达去做电商和其他企业做电商有着本质区别，那就是万达自身存在着互联网的基因，万达知道该如何经营实体店面，将这些经验和资源移植到互联网上，就能有效地实现"互联网+"的转型布局，也就有了超过同行的竞争优势。

　　第二，为消费者提供行业内通用的积分联盟。

　　这是万达创新管理策略的一个体现，积分在很多购物中心内都有运用，是加强客户和购物中心黏着度的重点。然而其局限性也十分明显，离开这个购物中心积分将失效，万达站在全国消费市场布局的角度，启动了通用积分联盟，其中涉及了与万达合作的所有品类，比如，携程、电信和银行等，这些平台中都包含着庞大的用户体系，只要跟万达的通用积分联盟相联系就能给予客户极大的便利。比如，客户可以用在万达广场消费的积分兑换机票，也能用购买机票兑换的里程去万达广场消费，随着万达广场在全国范围内的建立，这种便利的广泛性和适用性也会越来越强。万达广场给予客户积分联盟，自然会提高客户对万达广场的黏着度和认同度，从而建立规模化效应的消费体系。

第三，帮助商户构建一站式的在线商业经营管理体系。

万达的服务管理工作，不仅对应着消费者，也包含了万达广场内的商户，目前万达开通了微信服务号，商户一旦有问题可以及时和万达进行线上沟通。比如，商户可以了解全国万达广场的店铺有多少客流量、销售有多少，甚至某个店铺的灯泡是否损坏以及是否发出了维修申请都能够查到。另外，万达能够了解商户的经营状态，比如，哪一个分店的销售能力最强、哪一个店面区域客流量最大，等等，能够最大限度地满足商户的营销需求，增强续租的概率。这体现了万达对商户的负责和服务管理的精细化，也意味着商户在万达广场的经营活动得到了充分的保障，免去了后顾之忧。

第四，建立品类集合店，整合国内外的品牌资源，集合同属性优秀品牌。

随着业务的持续开展，万达将建立以家具、运动、鞋类为主的业态组合，形成优秀的品牌集合店，打造更时尚、更炫酷的经营空间，用优秀的现场表现提高万达整个品牌在优秀集合店里的销售能力，同时最大限度增加消费者现场的感知体验，这是万达未来与商家合作的创新趋势。

万达的运营管理离不开一个法宝——全球招商平台。很多人未必知道这个平台，所以每当万达招商时都会产生疑虑，不知道该找哪个部门、哪个负责人洽谈，到底谁有话语权等，难以确定。全球招商平台解决了这个问题，你可以借助平台和万达进行联络，既建立了沟通的渠道又阐明了合作的意向。

万达有了全球招商平台之后，消除了信息不对称的情况，如果一层一层地找负责人沟通，每一次沟通获得的信息都是不对称的，这会影响你的判断和对万达的了解，而全球招商平台将这个问题妥善解决了。另外，通过招商平台能够实现合作伙伴之间的信息资源共享，帮助万达全面了解市场的变化和竞争对手的战略布局，从而制订出更实用、更有效的应对方案，对共同利益圈子中的每一分子都有益处。

全球招商平台的运作模式呈现出三个特点：规模化、系统化和策略化。

规模化，万达在全国拥有上百个万达广场，这是建立全球招商平台的基础，假如只有几个万达广场则根本做不成一个平台，即使做了也缺乏数据的准确性和可参考性。另外只有形成规模化才有利于招商引资；系统化，万达的系统管理是一环扣一环，缺一不可的整体；策略化，凡是与万达合作的购物中心会被集中在庞大的招商引资体系当中，发展前景十分可观，风险相对较低。

全球招商平台的三个特点决定了万达的购物管理模式。

规模化对应的是集约管理模式，万达曾经做过一项统计，从2001年到2015年，中国每年购物中心的增长数量超过了300个，这意味着招商资源储备变得相对匮乏，就会出现有些地方招不到商户或者招到商户之后面临着很大的经营压力，因此，到底是招商还是选商，哪一条路对万达更有战略意义就显得十分重要。在万达建立了全球招商平台之后，这个被困扰多年的问题解决了，万达利用这个平台可以建立覆盖全国的招商储备资源，因为万达已经成为全世界最大的自持有物业者，基于这个实力基础搭建的实体交易平台，更具有可操作性，能够联动线上和线下的一切资源，与品牌商家之间进行无缝对接。

规模化管理的核心支点是用强覆盖联动强关系，让万达从全球战略的视角与众多品牌商家建立长期的合作关系。而系统化管理对应的管理模式是要确保平台的公开化、透明化，让日后的招商活动变得越来越简单。万达广场的购物中心和其他百货中心的区别在于经营管理模式，百货中心的系统构成没有万达广场这么具有规划性和模块性，存在着沟通不顺畅等问题，而万达广场无论是对内管理还是对外招商，都能在全球招商平台的保障下顺利完成，彼此之间的合作障碍会压缩到最小。打个比方，如果想和一个百货中心建立合作关系，很难找到合作的方向和渠道，然而和万达建立合作关系，通过全球招商平台就能够实现，这就是系统化管理要保证透明、公开的道理。

策略化对应的是利用品牌效应强化对接，万达首先拥有自己的企业品牌积淀，同时还拥有大量的品牌资源，让这两个资源通过中间的大数据分析和智能匹配帮助万达进行管理，万达通过成千上万个购物中心保证关系的对等性，这是一种对接策略，也能充分发挥大数据分析的优势。

万达在持续开发全球招商平台，未来的合作对象是全国的购物中心，因此很多商家最终都要和万达产生直接或者间接的联系。从招商品牌资源上看，由于万达进行了有效的资源储备和资源管理，在行业内的影响力越来越大，万达能够向全世界输出自己的品牌资源，实现更大范围内的品牌对接，从而建立起完整的品牌评价体系，而操纵这个体系向前发展的不是万达自己，而是通过智能匹配的结果完成的。

全球招商平台的使用非常简单，它完全跳开了和万达内部人员沟通的过程。首先在网上注册登记，然后经过万达内部评审系统的筛选，假如是没有和万达合作过的，万达会进行实地考察，确定该品牌是否有资格提交意向。完成这一步之后，万达会对品牌提交的全部意向进行评审，利用大数据系统对其自动进行匹配，最终生成评审意向结论表，将其发送到万达的运营中心、招商中心以及综合业务管理中心，这三个中心会根据这个评价表指导项目品牌落位。一旦某个品牌完成了落位，全球招商平台马上会将其自动接入租赁管理系统，通过这个系统实现从前期招商到后期运营的全部管理。

全球招商平台不仅可以在电脑上操作，未来还会出现移动版，只要资料齐备直接可以在手机上申请提交，注册完成之后，万达会根据这些项目来发布招商信息，其中包含已经开业的万达广场何时进行调整以及何时调整到期等内容，只要是符合这个系统的品牌，都能够看到这些招商信息，消除了信息不对等，提高了品牌商家的决策效率。

万达还有一个专门的业态招商信息发布平台，比如一个KTV品牌，看到了万达广场发布的KTV招商信息，只要在意向上输入去做KTV招商信息的申请就可以了。此外，万达还会发布品牌的拓展信息，比如某个品牌今年预计要开设多少家店，那么可以在全球招商平台上发布相关的拓展信息，其他加入万达商业联合发展联盟的购物中心也能够看到，而且只要品牌持有者有权限就能实时查询全球招商平台中所有的品牌信息和购物信息。

万达通过全球招商平台的建立，将信息化管理推向极致，在运营管理的过程中还实现了创新功能，推动了万达全球化战略的稳步实施，也延长了企业的生命周期。

第五章

# 重视细节的闭环运营机制

> 希望城市的经营者，特别是核心决策者，要把治理好空气当作保持这个城市核心价值的要点来抓，不要简单认为多建一些地铁、写字楼，多搞一些金融中心这个城市就有价值了。人口一旦净流出，城市的繁荣就会开始走下坡路。

# 1. 从食堂看万达的内部管理

企业管理涉及日常运营的方方面面，并非只能从大事上体现其效率的高低，小事同样可以折射出企业的管理能力，比如食堂管理，它是企业内部管理中较特殊的环节。从表面上看，食堂跟企业整体发展战略并无关联，但它是关乎员工饮食健康的重要工作，也是能从侧面展示出企业对员工福利待遇的窗口。企业能否留住人才跟薪资待遇有关，但如果配备一个糟糕的食堂，恐怕再高的待遇也难以让员工做好与企业共存亡的准备。

通常，企业的食堂管理包含着就餐环境、饭菜营养、卫生状况以及服务态度四个方面。就餐环境影响着人的就餐心情，饭菜营养关乎人的体质健康，卫生状况决定了饮食的安全性，服务态度则决定着食堂管理的态度。

万达笃信"留住一个员工的心首先要留住员工的胃"。万达总部食堂的饭菜美图曾经一度在互联网流传，让不少网友垂涎三尺，大家发现这些饭菜不仅色香味俱全且上档次。在万达食堂用过餐的人都表示，万达的饭菜不仅看着有食欲，吃起来味道也不错。有人难免产生疑问：食堂很多都是大锅饭菜，想要炒熟、不过劲儿都有难度，更不要说美味可口了，万达是如何做到的呢？答案很简单，万达有专门的试吃员！

试吃员，听起来是多么高大上的职业，仿佛一下子享受到和皇帝一样的待遇，然而这在万达却变成了现实。万达的试吃员在品尝过一道菜之后，如果发现味道不佳或者其他操作上出现了问题，就会立即返工或者撤掉。

除了试吃之外，试吃员还要记录厨师每天做了什么菜，还要将菜品留存"小样"放在专门的柜子里保存两天，如果发生饮食安全问题，比如饭菜中毒，就会将这些小样都拿出来送到第三方进行检查，从而判断是否跟饭菜有关、跟哪一道菜有关。万达的食堂，领班以上的员工每天都要对"小样"进行抽查，确保每一道菜品都有留存，同时还会详细记录操作人、操作时间和相关信息等。

除了设置了试吃和留样两个工作环节之外，万达的食材原料也是一般企业比不了的，因为它全部是由万达自己的有机农场"特供"的，绝对的绿色无公害。这个有机农场管理十分严格，农场的员工凌晨3点就要起床采摘，5点从延庆的有机农场出发，7点准时到达万达的总部。食堂的后厨人员拿到食材之后，马上进行清洗和加工，确保总部的员工能吃到新鲜的食材。

万达总部的食堂除了食物是无公害的，食堂的卫生状况也做到了极致，每一套餐具至少经过了三次消毒程序。更值得称赞的是，万达食堂完全执行和正规酒店一样的安全标准，让前来用餐的员工和领导绝对放心。

食材安全，工作人员专业、敬业，这些只是万达食堂的基本配置，万达对员工的关爱是真的站在了人性化角度。因为万达的食堂在一个月之内不会有重复的菜单，确保了菜系的多样性，单凭这一点，某些国家机关的食堂也比不了。当然这给食堂的厨师们提出了严峻的考验，他们天天搜肠刮肚琢磨着变换花样，为此每个星期都会召开有关菜单设置的沟通会，在会上大家集体讨论共同投票，敲定下个星期的菜单。

　　万达的食堂不仅采取了人性化和专门化管理，而且还运用了信息化管理。万达食堂创立了一个微信公众号，每天上午9点40分为员工发送菜单，如果有人看到菜单后觉得不喜欢，可以出去吃饭，想在食堂用餐就要注意错峰时间表，尽量在人少的时间去。据说，曾经有员工在公众号上反映想吃麻辣香锅了，结果食堂在一个月内做了三次麻辣香锅。这种私人定制式的食堂，反映了食堂和员工之间的良性互动关系。通过微信公众号，万达食堂会尽早地让大家反馈意见，及时了解大家的口味和需求，给大家提供更多的选择。

　　万达食堂除了在菜单上用心之外，还专门为员工提供了养生食谱，其中包含了三高人群、儿童、孕妇和中老年四个组成部分，这并非从网上随意下载的资料，而是很多经验丰富的厨师多年的总结，是一般人想看都看不到的内部资料。

　　但凡是食堂总会受到剩饭剩菜的困扰，像万达这样高规格的食堂同样也会面临这个问题，然而万达有独特的管理手段。万达的食堂里，有专门为员工进餐厅准备的打卡机。这样既核对检查了员工的身份，又会产生大量数据，食堂后厨根据打卡时收集到的数据掌握饭菜的数量和餐具的使用等信息，从而制作出一张错峰图，避免员工在相同的时间段挤到一起用餐。虽然这个信息分析需要耗费大量时间和精力，但对员工的就餐体验非常重要，在一定程度上也能够节约成本。

为了让食堂管理工作全盘联动，无论是餐厅的工作人员还是后厨的工作人员，他们随时会进行沟通，掌握餐厅剩菜剩饭的情况，让后厨工作人员心中有数。而且，万达的食堂会和公司各部门的前台人员随时联系，及时了解公司的动向。比如，有区域公司过来参加培训，就餐人员增多，就要加大食材的供给；再比如，有部门组织去旅游，就餐人员减少可以减少饭菜量。这些沟通工作虽然比较烦琐，但是能最大化地节约食材和人力成本，确保食堂的就餐秩序。

食堂的工作和办公区有差别，因为分工比较复杂，有厨师、洗菜工、服务员等多个岗位，每个人的学历和阅历都有较大差异，只有合理管理他们才能保证食堂工作有条不紊地进行。

为了提高管理效率，万达食堂制作了龙虎榜，对食堂工作人员的成绩进行评比，确保他们的工作万无一失。龙虎榜中的管理细则多达76条，其中明确规定了食堂工作人员的行为准则，比如，工作时不能剔牙、揉眼睛、抓头发等，犯一条就要扣一分；在开餐之后，后厨人员不能去前厅上厕所，否则扣一分；工作人员不能留长指甲、长头发和浓密的胡须，违规者要扣一分，等等。总的来说，龙虎榜的评选规则十分细致，长达6页文字，可能外人会觉得这样要求有些过分严格，但正是这些规章制度的约束，才让万达的食堂始终保持着良好的工作秩序。领班以上的员工都会紧盯这些准则，发现有违反者直接扣分，绝不会心慈手软。到了月底，食堂员工会根据遵守行为的程度得出一个评分，显示在龙虎榜上，这样一来，大家都不想让自己的排名太过靠后，自然会严格要求自己。

想了解一个企业的管理能力，并不一定要去它的办公区，通过走访它的食堂也许更能发现问题，而一个员工对企业的忠诚度和认同度，也会受到就餐感受的影响。能够将食堂日常工作管理得井井有条，食堂之外的工作就更不在话下了。

# 2. 改善空气质量和企业发展的关系

2016年，王健林在上海举行的外滩国际金融峰会上说了一句话："不要小看空气，因为空气不好，城市的商业价值就会不断流失。"随后他又表示："更关键的是，长此以往，优秀人才也会外流，进而导致一些重要公司、研究机构外迁。"

如今，城市空气污染已经成为关乎国计民生的现实问题，王健林参加的峰会主题就是"全球城市与金融创新"，既然提到了城市，就不能回避现代社会城市发展状况中遭遇的问题。一个城市的发达、文明程度，除了考察其硬实力之外，还需要评估软实力，而软实力就是城市环境建设。没有洁净的空气就没有健康的身体，就不会有招商引资的动力。在城市建设中，商业地产最能够体现其核心价值，而纯净无危害的空气是城市价值最核心的构成元素，一个城市能否成为中心城市要依托其自身的城市价值，由此衍生出一个概念——空气质量管理。

空气无处不在，城市空气质量管理是一个大范畴，具体到一个城区、一条街道，会涉及不同的空气质量管理工作。王健林在外滩国际峰会上也提到，"你看，凡是城市当中靠着河、湖、绿地的这些楼宇、地段都更值钱"，这句话是站在房地产企业投资战略的角度说的，意味着中国正在遭受越来越严重的空气质量问题，被牵涉的不仅是人们的健康，更是商业地产未来发展的外部因素。空气质量不能得到改善，就没有高价值的商业地产，万达一直谋求的中心城市建设也就无从谈起。因此，王健林说："希望城市的经营者，特别是核心决策者，要把治理好空气当作保持这个城市核心价值的要点来抓，不要简单认为多建一些地铁、写字楼，多搞一些金融中心这个城市就有价值了。人口一旦净流出，城市的繁荣就会开始走下坡路。"

提到空气质量就不能不提雾霾，雾霾是最近几年被社会广泛关注和热议的话题。从2012年开始，北京一到深秋季节就会遭遇较为严重的雾霾，鉴于这种情况，万达从关爱员工身体健康的角度出发，召开了多次会议进行商讨，最后决定在公司里安装防霾装置。对此，万达高层给出的理由是：大家已经在外面呼吸了毒气，不能到万达上班之后还要呼吸毒气，应当给员工创造相对安全的生存空间和工作环境。

防霾装置是什么呢？现在很多写字楼安装的是中央空调，依靠中央空调设备进行室内外空气的交换，一旦雾霾侵袭根本无法抵挡，反而可能增加写字楼内人们呼吸毒气的概率。为了解决这个问题，万达斥资400万元为写字楼安装了防护措施——静电除尘设备。

静电除尘设备的工作原理很复杂，它能够将空气中90%的肮脏物质过滤掉，根据当时检验报告的数据表明，空调系统中安装的过滤装置对PM2.5污染物的去除率高达90%上下。不过，静电除尘毕竟不是万能的，在2014年，随着雾霾问题越来越严重，无孔不入的PM2.5会随着员工的衣服被带到公司，凭借墙壁就能一点一点渗透到各个房间里，因此单纯在写字楼外设置防护网不能完全抵挡雾霾的入侵，唯一解决的办法是增加防护网。

2014年，万达高层经过讨论，认为万达广场办公区的PM2.5浓度已经破坏了原有的办公环境，不能让员工和顾客在这种环境中工作和消费，于是万达再度斥资几百万元购买了200多台不同型号的空气净化器，安装在公司的办公区域和公共区域，比如，食堂、会议室、会客室等，甚至连洗手间也安装了净化器。

万达对空气质量的管理不仅舍得投入，更是用心管理。每天早上6点半，空气净化器准时开启，到晚上8点准时关闭。日常的维护工作交给万达北京商管公司来负责，每隔10天对净化器进行一次清理，主要清理机器的内胆以及更换滤网等，保证净化器的工作效率和使用寿命。除此之外，万达还定期邀请北京产品质量监督检验院的专业人员，对公司的B座办公区进行检测，目的是了解净化器使用的效果。经过专业勘察之后，发现万达办公区的空气质量明显好于户外，显然，万达确保了公司全体成员的呼吸健康。

空气质量管理是不容忽视的工作，因为只要人活着就要呼吸。为了加强空气质量管理，万达经过多次会议的讨论最终通过了一项决议，不能在办公区域吸烟。这个决定就是为了禁止PM2.5的泛滥，保持已经被净化得很干净的办公环境。虽然禁烟在很多企业都被提出过，但只有万达将这条禁令写在了企业制度中，一旦被抓住吸烟会罚款500元。

万达的空气质量在细致和科学的管理模块下有了质的提升，它所反映的不仅是万达对员工身体健康的关爱，更体现出其具有强烈责任感的管理意识。企业管理的对象不仅包括人，还包括指标、制度乃至空气。万达虽然没有一个专门治理空气的部门，但是已经将空气质量管理纳入公司日常管理体系中，甚至在某种程度上比其他管理工作更受重视，因为它直接关乎企业人力资源的存亡优劣。

王健林说过一句话："人就是钱，人就是事业，人就是一切。"从这句话不难发现，万达的企业管理精髓是抓住"物之根本"，为了治理空气，万达先后斥资近千万元，这对企业来说是一笔不小的支出，但换来的是员工健康的身体和旺盛的精力，确保了员工的工作积极性和劳动效率，也就保证了万达的市场业绩。

无论是万达的食堂管理还是空气治理，都充分体现出万达和员工"同呼吸共命运"的管理态度。在空气质量每况愈下的今天，万达能够将空气质量管理作为一项重点工作狠抓不放，足以证明万达将员工的个人利益和企业的最高利益紧密地联系在了一起，它所谋求的宏远发展战略也就有了实现的可能。

## 3. "独一无二"的安保系统说明了什么

企业想要平稳发展，安全工作不能忽视，特别是像万达这样拥有大型购物中心的企业，安全管理是确保其正常运营的关键。曾经有很多人担心万达广场人流量这么大，如果发生意外后果不堪设想。其实，万达早就考虑过这类问题，已经邀请了ARUP和SGW两家世界顶尖的国际反恐设计机构，帮助万达增加防暴恐的安全设计项目。除了硬件设计之外，万达还在其广场定期进行防暴恐演习，确保安防系统做到万无一失，而全国的万达广场也同步加强硬件和软件的双实力提升，所以万达广场的安全系数非常高。

曾经有一个号称是中国安全系数最高和科技指数最高的顶级企业，来到万达学习安全管理，结果发现万达使用的很多设备都是自己企业生产的，比如路由器和交换机等。此外，中国的一些政府机关也派学习小组来万达互相交流，可见万达的安全管理工作已经成为行业标杆。

万达的安全管理核心是建立智能安保系统，目前全球只有万达装备了这个系统。王健林在2013年年会时说过这样一句话："万达广场、酒店开业越多，我越睡不好觉，真的很怕晚上来电话。"话虽如此，王健林从来没有在晚上接到过任何有关安全问题的电话，万达有这么多的物业却没出过一点问题，依靠的法宝就是高科技设备和监控管理。

万达有一个安全管理系统——远程安全监控系统，现在已经对万达名下的万达广场和万达酒店等自有物业的消防和报警系统进行7×24小时的持续监控。虽然很多小区、便利店和商场也有全天候的监控，但是万达的监控系统非常灵敏。比如，万达酒店有一个顾客在房间抽烟，抽完之后将烟头扔进了垃圾桶，结果冒出了烟，系统监控到以后，马上会将信息传输到远在千里之外的万达集团总部远程安监中心的中控大屏幕上，很快，总部的核实电话就能打到那家万达酒店所在的监控中心。

万达的监控系统除了能保证实时监控之外，还具有查岗功能。2013年，万达一个区域公司的消防中控室的值班员擅自离岗，结果被集团远程安监系统发现，随后对相关人员进行了处罚。

除了严密的监控系统之外，万达还有一个其他公司不具备的安保系统——慧云系统。

慧云系统是王健林命名的，意思是智慧的云，这个智能系统集成了万达广场的消防、节能、运营、监控等诸多功能，真正实现了科技化和自动化管理，每小时、每一天、每一年都在不间断运行。万达运用慧云系统能将各类子系统中的数据收集并分析，极大地减少了人力成本的消耗，提高了安全管理的工作效率，让万达能够在第一时间发现安全隐患和问题。

万达的安全工作管理，是将重要的工作都交给机器处理，因为人毕竟有松懈的时候，机器则不会。另外，安全管理工作有一个特点是依赖管理经验，因此，万达确定的管理原则是：将别人的教训当成是对自己的预警并借鉴使用。现在很多企业都配备了灾情监控的管理系统，不过通常都是针对企业内部的安全监控，万达的灾情监控却是针对全世界。负责这个安监系统的专门人员，他们保持着24小时的实时监督，那么有人会产生疑问：全世界其他地方发生的地震和火灾都会被万达监测分析吗？

2015年上海发生了外滩踩踏事件之后，万达马上做出安全预警分析：应当在人流密集的地方进行合理的管控且必须有应急预案管理，否则一旦发生事故将难以控制。显然，万达没有将安全管理局限在企业内部，而是注重从其他事故中吸取经验教训，万达认为这关乎企业对安全漏洞的检查和管理能力，只有用别人的教训提醒自己，才能减少事故的发生。

万达对安全管理工作要求非常严格，已经细化到在同一时间、同一空间内对进出人流的最大限制值的计算，确保了对群体踩踏事件的预警，所以没有发生过此类安全事故。万达消耗大量精力去搜集安全事故的资料，就是为了利用现有的案例完善自身的安全监视系统，这也成了万达安全管理工作的显著特点。

万达设计出了一个APP，功能是让手机尽快地进行记录并将可能存在的隐患问题上报，还包括隐患整改销项、计划填报以及审批等工作，这是中国企业第一个利用手机进行安全检查的创新产品。

目前万达有十多万名员工和上万家商户，每年来万达消费的人都超过20亿人次，预计在2020年将达到60亿人次，客流量越来越大，这就需要配套更完善的安全监视系统，它要有高规格的制度标准、技术规范以及安全技术应用，才能与客流量相匹配。

万达设计的APP会及时提醒员工和商户每天进行的安全事项，哪怕你完全没有经验，也能够操作自如，还能迅速掌握系统提示的注意事项。比如，万达集团各个区域公司每月上报的安全隐患达到2000条信息，都是需要立即解决的问题，这样才能从根本上保证安全管理工作的成果。在检查人员实地勘察了这些安全隐患之后，会将发现的问题录入到电脑当中，然而在这个过程中难免有疏漏。现在有了APP，可以在现场拍照和记录，直接提交给总部，极大地提高了工作效率，也保证了信息的原始性和可靠性，为日后的安全检查做了第一手资料的积累。除此之外，APP还能够一边进行移动前端的工作一边在后台产出大数据，后台的工作人员会在安监的过程中及时进行分析并作出判断，预估在什么时间、什么地点、什么情况下可能出现安全隐患，以做好预警工作。

安全管理工作不仅关乎企业内部人员的生命和财产安全，也关乎和企业相关的客户、合作方的生命和财产安全，更决定了一个企业品牌能否获得信任和认可。万达凭借其独一无二的安监系统，展示了成熟、完善的企业安全管理能力，为其他管理工作的正常开展保驾护航。

# 4. 加强资金管理，保障现金流安全

企业的资金管理相当于血液循环对人体的重要性，万达又是以商业地产为支柱产业的企业，动辄百万千万元的项目牵涉大量的资金流动和控制，能否做好资金管理直接影响到企业经营系统的运作和存续。万达的资金管理主要涉及以下几个方面。

第一，细化证照办理。

商业地产项目中涉及项目四证和发改委立项等证件，这是融资最基本的手续需求，发改委能否通过立项和土地证的分割合并将影响到融资方案能否继续推行，而项目的进度会最终影响商业收益。

为确保证照办理成功，万达要求财务必须在项目证照办理之前介入，明确有关融资的各种需求，站在全局的角度考虑土地证是否需要分割以及在建工程抵押的具体政策等，如果不能协调好销售办理和土地证抵押的关系，会阻碍证照办理的进度。为此，万达要求财务人员时刻关注四证办理的进度，一旦出现问题要及时汇报并解决，因为证照的办理和融资节点息息相关，只要发现无法满足融资需求要立刻做出预警，给予项目团队调整计划的时间。

第二，留意开发贷审批和放款。

在商业地产项目的资金链条中，项目开发贷是重要的环节，既不能耽误万达的模块节点，也要满足资金支付等条件，当一个地产项目进行到一半时，开发贷不能足额放款会造成很大麻烦。为此，万达要求财务人员应当考虑合作银行的实力以及在同类项目中贷款的经验，提前作出预判，特别是要摸透银行对万达集团的项目认可度和品牌好感度，要让对方始终保持对万达的信任，这样才能建立稳定可靠的融资关系。另外，财务人员要及时并密切地和银行保持联系，制订细致可行的融资计划并尽快上报给万达高层审批。当融资工作进入正式流程之后，要积极主动地配合银行工作，并借助省行之力推动和其他后台部门的协助，促使项目尽早通过审批。

万达多年的贷款经验证明，银行和银行之间存在着贷款能力差值，因此，在确定其信贷规模的前提下要加强和其他部门的联系，依据项目销售和成本支付的实际情况尽快制订出放款计划。当进入这一环节后，要密切关注经办银行地产贷款规模和到期贷款情况，预留时间和银行敲定放款数额。要通过明确共同利益和银行实现互惠共赢，还要处理好与各层级银行的关系，确保开发贷按期足额放款。

在银行成功放款之后，风险依然存在，这时都集中在了贷后管理的环节上。按照规定，开发贷放款之后，银行会提出落实监管条件的要求，其中包括销售回笼资金封闭管理、优先办理按揭以及在建工程抵押等内容，这时作为项目公司，不能一味地作出承诺，要和银行据理力争，做到既能满足银行监管的要求还能保证项目的顺利开展。为了完成这个环节的工作，万达要求项目成员掌控销售回款流向，从而解决工程款支付等需求，同时要提前落实地方抵押政策，保障项目顺利开盘。如果和银行就某些问题不能协调妥当，要学会调整按揭限制，用多元化和灵活性解决争议内容。

第三，资金计划管理。

一个失去现金流的企业是处于危险期的企业，而维系现金流流畅运行的方法是制订稳妥的资金计划，它是保障项目公司安排收支的重要措施，也是万达集团最终敲定决策的基础，一旦资金计划不合理或者出现漏洞将危害到现金流的安全，打乱集团的战略布局。为此万达制定的防范措施是通过总经办牵头，编制科学合理的资金计划，对巨额资金支付计划进行认真审核并分析，严格遵循资金计划中的条款，确保按期付款，维系资金计划的不可调整性，保障计划的可操作性。另外还要充分考虑各类风险，杜绝出现现金流缺口的情况。

第四，经营贷管理。

企业在经营贷环节中常遇到的风险是能否按照预定成本支出通过审批并最终提款以及能否满足现金流的要求，一旦不能满足上述要求，会造成经营贷的中断和停顿。对此，万达的风险管理措施是事先做好摸底工作，充分调查并考量不同规模的城市对经营贷的特定要求。为了增加灵活性，还要学会利用股份制银行和外资银行等地方性资源，增加资金获得渠道。在确定了资金来源之后，做好资金测算工作，依据融资方案事先办理产权证，在明确是否要分证之后尽快进入办理流程。

除了上述四个环节的管理之外，万达还要进行有效的回款管理。因为回款事关资金循环是否保持顺畅，影响着项目的可持续推进。很多房企遭遇的情况是，前期工程做得顺利但后期回款出现问题，最终导致项目全盘皆输或者出现瑕疵，特别是牵涉多方因素的商业地产项目更容易遇到这种情况。因此，万达的回款管理原则是建立多个风险节点，对每一个节点都制订解决方案，作出事前预警。

第一，房管局对接管理。

一些房企经营失败，是因为不了解房管局的工作内容和对项目单位的态度，很容易在回款的环节中遇到阻碍。由于管理公积金的房管局有着不同的管理权限，所以很难确保每一项进度都能跟踪到位，而一旦拖延时限过长就会延缓回款速度，因此，企业的资金监管力度将决定现金流的循环速度。为此，万达对财务人员提出两点要求：一个是充分做好前期准备，了解并统计各个项目公司的审批过程和权限情况，作为案例给其他项目提供借鉴和参考并调查审批过程中是否有相关银行参与，协调好银行和房管局的关系；另一个是加强和总包以及分包公司的对接工作，时刻提醒他们提交付款资料以及各类报送工程款的支付计划，给现金流制造足够的解压空间。

第二，政策情况收集管理。

不同时期的银行会有不同的资金政策，比如，在区域内竞争加剧后会使一些银行额度不够，无法满足开发贷的需求甚至影响办理抵押登记等工作。为此，万达要求项目人员密切关注银行额度的分配变化信息，做好区域内的协调工作，特别是应当由省会项目公司牵头，协调兄弟公司合理分配当月额度。为了提前预警，要尽早和银行协定解压策略，凭借"见贷款审批单—先行放款"的原则，对账户进行实时监管，一旦抵押完成马上转入一般账户。

第三，客户管理。

如果房企遇到客户缴纳认筹金却不能按时选房的，会出现长期挂账甚至坏账的情况，影响到回款的速度。针对这一情况，万达要求财务部积极介入审批流程的制定工作中，并能站在专业和全局的角度提出科学的指导建议，同时加强对客户的调查，提前向银行打好招呼，确保征信调查工作的顺利推动。另外，对各部门之间需要配合的工作进行统筹规划，并根据各个项目公司所在市场的情况，要求客户提供银行三个月的定期存款单作为认筹备案，保障后期支付。

当遇到房源签约回款、无法在规定时间内按认购合同交款和签订销售合同的，或者是无法处理好的大客户的对接工作，万达也采取了相应手段处理。比如，提前发出通知催促交款，加强对置业顾问的培训，让他们在认筹阶段向目标客户提供清单，敦促他们做好准备并对准时提供资料的客户给予相应的优惠折扣。另外，对关系客户可以采用认领制度，后续的追踪工作交给引入人。对于比较难沟通的大客户，要在平时加强节假日问候和活动邀请等公关工作，确保回款工作的顺利进行。

第四，促销管理。

当出现不超销售开盘报告的折扣总额时，细项超折扣的管控工作就必须加强。万达在项目的销售过程中，加强了折扣总额和开盘报告要求的各类折扣的管控工作，避免因折扣额度过大导致收益下降或者流失。另外在促销时段中，万达要求责任人加强对促销时间点的审批，避免在非促销阶段给予客户优惠折扣。作为万达的营销部门，应当在不打破万达集团底价的前提下促销，需要将全部优惠方案上报给财务部进行备案，没有备案的优惠则不能通过审批。在销售活动开始后，还要对折扣总额加以监管，确认每一种业态总额是否突破了决策文件的规范和要求，同时将核定结果通告给营销部门，保证销售总部在决策文件允许的范围内执行。

对于每一套可售房的折扣情况，都要进行最细致的管理，应对策略是营销部门在填写合同备案时将折扣明细填写清楚，财务部要在审核过程中和业主进行确认，为了保证公开性和透明性，需要置业顾问在现场。

第五，认购管理。

房屋重新认购后的折扣管理，需要财务部在销售时重新审核，确保业主得到的折扣在可售房重新认购或者更名后进行修改，废除原来的折扣。当房源入伙、按揭客户不能及时还款的，如果担保时间过长会加剧万达的赔偿风险，让保证金难以收回，阻断企业现金流。对于这种情况，万达采取的规避措施是催促客户在最短的时间内办理他项权证交给银行，让银行根据之前的担保内容解除责任，每个月要清理保证金并尽快收回。同时，万达还会雇佣中介公司集中办理小业主产权，节约时间，提高效率。另外，还要对入伙流程进行严格控制，对不通过项目公司就私自确认的入伙行为予以严厉的惩罚，禁止项目公司代行支付没有规定的任何费用。

企业的资金管理效率不仅事关现金流的循环速度，还制约着企业的发展，也在一定程度上决定着行业布局。能高效管理资金链的企业，往往能够在竞争中占据主动，而低效管理者，很可能在残酷的市场环境中被淘汰出局。

# 5. 细化费用支出，完善指标管理

企业的指标管理是规范企业年度计划的重要审查环节，这个环节不仅影响着年度目标的实现，也对下一年度的工作计划有重要的指导意义。万达是推行全球大战略和长远战略的企业，编制的年度计划不仅内容庞杂，更是对整个战略体系的解释和补充，如果不能对各项指标进行有效的管理，不仅将拖慢集团战略目标的完成进度，而且无法及时制止一些违规行为，从而造成恶性循环。

万达的指标管理包含三个方面：税费支出、营销费用和管理费用。

第一，税费支出。

在办理首次税种核定时，税务局会单方面对税种、税率和相关缴纳方式进行核定，而在这个过程中可能会遇到审批不过或者偏离预期目标的情况。为此，万达要求项目公司的财务副总及时与地方税务系统进行对接，了解具有地方性特征的税务政策，避免在陌生的税务环境中操作项目，保证预期指标的实现。另外，项目公司不能脱离万达集团制订的项目开发计划和资金计划，要根据实际情况制订有利于公司的征收方案，尽量避免由税务局单方面作出核定。一旦发生变故，需要及时与集团进行沟通，获得相关的资源支持和技术支持。

万达还要求责任人明确，当遇到行政收费不合理的情况时，要根据相关法律条文尽量避免，要充分了解收费法规并确认收费合法性，要在项目筹建时弄清各方面的详细材料，获得发展部的认可和支持，要争取机会联络政府高层，争取减免税费。如果不能找到减免的依据和理由，可以从其他兄弟公司的成功经验中寻找。

当遇到项目立项和国土证分割等不合理的方案时，要在项目拿地之后，让财务人员尽快了解项目挂牌的条件、物业形态以及交付计划等，弄清土地成本分配清算原则，采取最优策略。办理国土证、工规证等关键证件时，要以土地增值税为参照基础进行筹划和核算，保证项目的合理性和经济性。如果存在认知盲区，要从兄弟公司内了解省内的清算政策情况，寻找有参考价值的案例进行对比分析。最重要的是，万达的财务部门要与地方税务系统及时沟通，摸清当地的政策变化，争取后期对接工作中的话语权。

当土地增值税清算时间不合理时，会影响万达企业所得税的清缴，从而无法足额抵扣土地增值税。具体的解决方案是，当项目开始后，要了解项目开发的全盘计划，对土地增值税进行事先模拟计算。同时，万达要求成本部门和财务部门相互沟通，尽早完成一切合同的结算工作，在时间上占据主动。还要加强和地方税务局的联系，为项目公司争取到最佳的清算时机。

如果财政返还没有在规定时间内完成，必定会造成企业财务指标上的风险。为了避免这种情况，万达要求项目公司尽快熟悉返还申请流程和审批手段，锁定核心部门和核心人员，要在借用总经理资源的基础上和政府高层时刻保持沟通，在最短的时间内获得返还批文。尤其是在和发展部门对接时，要对相关负责人及时跟进，加快返还文件的速度。另外，万达还对责任人提出要求：除了和总经理及发展部、开发副总协调工作外，尽可能借力与地方银行中的强关系，促进款项尽早返回。

返款票据的用途经常会和企业初始的要求不符，这时就必须确认返还文件能否符合集团财务部门优先纳入当期收益的要求，在得到款项前与政府相关部门确认款项用途，敲定拨款单位和款项用户是否符合上市要求。与政府相关部门沟通时，要保证拨款单据列出的用途和款项用途相同，对于那些无法获得相关文件或者文件中标注款项难以满足要求的，必须根据商业地产财务部的要求得到政府或者政府相关部门的证明和确认函。

第二，营销费用。

如果营销费用发生"执行在先立项在后"的情况，会让工作人员难以掌控营销费用的实际使用情况。为此万达通过建立细致的营销管理制度，对违反规定的涉事人员进行处罚，根据实际情况上报给集团的营销中心作出惩罚措施。同时，要经常在销售现场关注一切营销活动，及时对比审批费用，防微杜渐。

当售楼处和样板房软装多次进行整改之后，会导致软装费用反复发生，由此造成的资金消耗往往数额巨大。万达对这类问题的规避措施是：在软装招投标过程中，要求软装物品最终结算以副总裁级别验收为准，对那些不合理的单价进行清标，另外，还要保证每个月都能对物管公司进行盘点，拍卖调整出来的多余物品，以降低库存成本和贬值风险。

当营销费用发生比例超过70％之后，必须尽快清理是否存在已发生而未录入的费用，尤其要关注营销工程类费用，是否及时、足额地列在营销费用计划表格中；在发现超出78％的比例之后要发起预警ＯＡ；而一旦超过80％，情况就变得十分严重，如果剩余额度以薪酬费用为主，实际上能够用来支付营销活动的费用就大为减少。如果销售余额没有达到80%，财务部应当特别关注剩余营销费用的控制情况。如果营销费用总额出现超标又累计达到80%以后，就必须严格控制每一笔消费的必要性，必要时可由财务副总亲自把关进行判断。如果需要在成本支出的不可预见费用中超额支付，就必须交给集团领导审批。

万达对《项目年度营销费用分解计划》十分重视，因为它是管控全年度营销费用的指导手册，是在以往经验和现有预计的共同作用下产生的。然而在实际操作中会遇到其编制不科学的情况，万达的应对措施是多找已完成的项目进行对比，从而了解营销费用管控风险的节点在哪些地方，尤其是同省、同城、同业态和同体量的相似项目。

另外，在制订计划之前，一定要和集团的成本部门、营销部门和设计部门密切联系，了解售楼中心和样板房硬装和软装的情况，对可能产生的大笔支出提前预判并反映在相关预算科目中，责任人不能少报或者漏报，否则将埋下超支的隐患，也会受到集团的处罚。再则，在金额结算确定以后，要尽快让成本部更新营销费用系统，确保数据的准确性和实时性，如果超过原定预算很多，必须马上调整预算方案，避免营销费用的总额度超标。

除了要求成本部配合之外，还要让营销部把平常不能及时录入的营销费划归到系统中，比如，个人所得税、因系统调整导致的其他营销费用等。一旦这些数据被漏掉，将造成整个营销费用系统的片面性，失去其存在的意义。另外，要根据营销中心制定的年度分配控制比例掌控支出，不能在前期设定比例过高的营销费用，如果销售情况没有达到预期，必须及时和集团营销中心联系，不能在销售前景黯淡的前提下消耗营销费用。

在具体的执行过程中，万达对细节也管控到底，包括一级科目或者二级科目的调整，都要核定其必要性与合理性，不能在违反市场基本规律和行业经验的前提下盲目运行，要在获得相关审批手续后才能正式推动，对一级科目超标的情况要严令禁止并提前预警，比如，即将达到90%时，营销部门马上要对该项费用进行审核和报批，需要根据实际情况上报给总经理或者营销中心的项目经理，目的是防止费用超标。如果在审核过程中发现了严重的失误或者相关人员不配合的情况，可以在万达的OA系统上进行预警，只有通过报批才能继续执行。

第三，管理费用。

通常，企业的管理费用中难免会出现业务招待费超额的情况，这会影响到财务工作的管理秩序。针对这种情况，万达会让总经理为直接责任人，并将管理费用超标和员工利益挂钩，确保大家共同监督和管理，按照项目的整体开发节点进行分配，如果担心分配不清可通过部门核算的方式加强管控。为此，财务部要在每个星期向总经理上报此类情况并作出风险预警。为了防止采购物品出现问题，所有招待用品通过统一采购的方式，由万达的行政部、财政部对供应商进行甄选，任何行政单位无权单方面选定供应商，而且要明确每种物品的使用用途。此外，不允许签单消费，招待时也要有公司人员陪同。

管理费用中经常超支的还有差旅费用，为防止这种情况，万达作出明确规定：必须在出差前通过OA向负责人请假，按照万达的规定上报给相关领导进行审批，对报销的内容予以严格审核，超出部分一律不许报销。另外，公务机票应该通过北京万达五洲票务公司预订，为了避免花销超额，要避免改签和减少退票的次数，并严格控制。为准确核算差旅费用，万达采用动态评估的手段：当公司财务比较紧张时必须向总经理汇报，减少集团高管外出学习的次数和人数。

办公费用往往是管理费用超支的重灾区，王健林明确执行节约的措施，行政部将办公费在经营期内按照月份和部门进行控制，对那些造价昂贵且容易损坏的固定资产，按照人均1.2万元的标准执行，在项目成立后行政部要保证预算的可实施性和可操作性。有关办公室装修的花费，无论是高管还是普通员工，都必须按照万达的相关文件执行，而一切办公用品本着谁使用谁负责的原则，对于日常消耗的办公用品，必须通过办公用品台账的措施进行判断，非正常损耗要找出责任人。

随着企业机动车辆的增加，车辆费用成为日常开支的"大头"，对此万达的管理办法是：要求行政部门建立车辆管理制度，完善车辆使用台账，对出事车辆的原因和目的都要进行记录，不准任何人私用公车，对车辆燃油费用和过路费用进行认真的核算和分析，减少不必要的开支。当费用超过年度指标之后，要暂停支付车辆费用，经行政部重新向集团申请新增额度之后继续支付。

管理费用的总额度一旦超支，会造成预期外的成本消耗，往往数额巨大。万达除了向员工传递"管理费用超标就是大家奖金受损"的原则之外，还提倡员工互相监督、共同管控，一旦累计发生比例达到85%时，就必须召集行政部和财务部组织专题会议，制订后期管理费用额度的预算方案，经过总经理审批后才能执行。因特殊情况而超支的，需要在支出成本的不可预见费列支的，按照规定上报给集团审批，只有审批通过才有权支出。

企业的指标管理决定着年度计划的执行进度，也影响着企业战略布局是否能够环环相扣、直达目标，对日常管理涉及的各项费用的掌控，决定了指标管理的精细化程度，也能体现出企业是否对远期战略目标怀有责任感和践行的决心。

# 6. 吃透税法，加强税务管理

企业离不开纳税，纳税是企业和个人的基本义务，更是体现一个企业遵纪守法、具有社会责任感的经济行为。作为国内"土豪"级别的万达集团，从来不逃避纳税并在税务管理工作中不断完善细节，践行缴税义务。

第一，熟读税法，明确纳税权责。

税法是企业缴税的参考标准，然而一些企业并不明确需要履行哪些纳税义务，导致遗漏了某些税种而产生了非主观的逃税行为，给企业的正常运行带来麻烦。为了防止这种情况，万达不断加强财税人员的专业素质建设，让他们熟读《企业所得税法》，了解每一条款的内容。

在日常的税务管理中，公司以土地作价入股是否需要缴纳营业税和土地税等问题，会直接影响到企业的收入和品牌信誉。针对这一情况，万达要求相关负责人严格按照《营业税暂行条例及实施细则》的规定：无形资产和不动产投资入股，参与接受投资方利润分配后共同分担投资风险的行为不会征收营业税。

在收购股权方面，获得土地之后是否还需要缴纳土地增值税或者营业税，这些也会增加企业的负担。为此，万达的财税工作人员抽出大量时间熟读税法，明确了很多和万达工建项目有关的法律规定，比如，转让股权房不征收营业税、受让股权房不征收契税，投资本身不能看成是营业行为，不能征收营业税。虽然税法学起来枯燥晦涩，但只要吃透条款，就能给万达节约不少开支。

企业缴纳的一些所得税和所属注册地有直接关系，比如，中国香港的缴税和内地有着不同的标准。对此，万达要求员工将《中华人民共和国企业所得税法》研究透彻，并按照《内地和香港特别行政区关于对所得避免双重征税和防止偷漏税的安排》文件进行分析，防止在内地和香港地区重复缴税。

第二，减少纠纷，维护地产收益。

在房地产交易的过程中，会牵涉开发商和购房者的权责转换问题，哪些环节需要缴税、由谁来缴税等问题必须弄清楚，否则会引发经济纠纷，影响正常的交易秩序。对此，万达依据多年积累的经验，向有关财税人员讲述常见案例，帮助他们理清思路。

商业地产经常涉及如何安置回迁户等争议性问题，这时需要缴纳土地增值税，但必须明确两个问题：安置房屋如果是购买的，要将实际购房支出一并算到拆迁补偿费用中，避免为业主多缴纳；安置回迁户视同销售处理，在确认收入的同时应当确认拆迁补偿费用，支付给回迁户补差价并计入拆迁补偿费用中。

如果在合作中出现了利润分配问题，那么采用何种方式分配将会决定纳税的多少。针对这种情况，万达会让负责人明确两个问题：一个是合同约定分配项目利润，这种情况应该将涉及的项目所产生的营业利润额划入当期应纳税所得额中，一起上报缴纳企业所得税，不可以在税前对该项目的利润进行分配；另一个是合同约定分配开发产品，如果在第一次分配开发产品时该项目已经结算计税成本，那么分配给投资方开发产品的计税成本和其他投资额的差额应当一同算入当期应缴纳所得税，如果不能结算计税成本，必须将投资方的投资额认定为销售收益。

商业合作避免不了借贷关系，不同的借贷关系所涉及的税务问题也不同。如果按支付给金融机构的借贷利率水平向下属单位收取用于归还金融机构的利息，将不征收营业税；如果高于支付给金融机构的借贷利率水平向下属单位收取利息，将被认定从事贷款业务，全额征收营业税；如果不按照独立企业之间的业务往来收取或者支付相关费用，税务机关有权进行调整并征收营业税。

第三，建立跟踪机制，确保良好沟通。

商业地产交易是一个周期较长的过程，其中涉及很多纳税环节，而每一个环节都可能和购房者发生联系，必须随时保持顺畅的沟通才能提高工作效率。为此，万达建立了跟踪机制，要求相关财税人员与政府对接部门、购房客户保持联系，推进交易进程。

处理土地使用税时会涉及一些专业概念，比如，地下建筑用地。从2009年以后，单独建造的地下建筑用地依照规定需要缴纳土地使用税，对那些已经拿到地下土地使用权证的，就要按照证照上标注的土地面积核算需要缴纳的税款，对那些没有拿到土地使用权证的需要按照地下建筑垂直投影面积缴税。为此，万达要求财税人员注意这些细节问题，了解纳税人的权利状态，多做沟通，多做说明，告知他们什么时候终止缴纳房产税等问题。

契税税务处理也不容小觑，它涉及了销售精装修房和退房的情况。

万达要求员工明确一条准则：契税计税价格是房屋买卖合同的总价款，买卖装修的房屋，装修费用必须被考虑进去作为计税基础。对那些已经退房的但缴纳契税的单位或者个人，只要是在没有办理房屋权属变更登记前登记应当退还缴纳的契税，但如果在房屋权属变更之后登记的就不能退还已经缴纳的契税。对此，万达强调负责人在处理这些问题时，一定要跟购房单位或者个人事先沟通清楚，避免对方产生误解或者闹情绪，要以相关税法予以佐证。

企业的纳税行为关系到品牌信誉和企业形象乃至法律责任，所以税务管理工作不容出错。由于万达集团的商业地产布局全国，牵涉工建项目数量众多，客户群体庞大，所以对相关财税人员提出了严格的要求，确保万达的纳税行为走上规范化、效率化和制度化的道路，维系良好的业界口碑。

# 7. 用数据说话的精细化管理原则

　　万达的商业地产能够做成功，在于其构建了规范化的经营管理模式。万达的管理思路不是单靠经验和决策层的直觉，而是遵循科学逻辑，做到精细化。这个原则不仅体现在万达的企业管理能力塑造上，还体现在万达的战略转型管理上。万达的市场用数据说话，万达的营销用数据说话，万达的管理也是用数据说话，而且，万达能够站在长远的视角审视企业的发展方向，制定出具有前瞻性和先验性的经营管理策略。

　　第一，重视园区选址和工期招商管理。

　　万达开发的项目耗资巨大，没有清晰的目标管理是难以完成任务的，为此，万达加强了对园区类项目的管理工作，遵循科学、严谨的原则，从选址到建设再到后期经营，每一个环节都被纳入数据化的管理模块中。在选址管理方面，万达讲究"位置为王"，因为一个良好的位置决定着未来入园人数和收入，比如，万达在无锡建设的万达城，看重的就是无锡天然地理位置的优势：位于长江三角洲中心地带，联结上海、南京和杭州等重要城市，无论从无锡去哪里，乘坐高铁都是半个小时。

占据了便利的位置，就为以后的经营探出了道路。

万达在项目建设管理上不仅重视施工质量，还对工期有着严格的要求。万达规定所有项目建设都不能延误，只能按照设定好的时间节点一步步完成。比如，万达开发的武汉文化项目，经过了5年研发之后，在2014年6月开始售票，而当时项目开发没有完工，万达提前售票的目的就是预定销售额，同时给自己设置了时间限制：如果不能准时开业将会给万达带来很大的经济损失，还会影响万达的口碑、声望。最终，万达如期完工，丝毫没有损害品牌声誉，可见万达对自己的项目管理能力是何等自信。

万达在园区运营管理方面，提倡销售为首，目的是将招商和营销工作做到精细化的程度，比如武汉的文化项目，万达是在开业的半年前将门票全部售完的，如果游客想要体验这个项目只能预订半年以后的门票，这等于间接为开业的初始阶段积累了人气。另外，万达为了保障一些项目的高效运营会成立相关管理部门，比如青岛的东方影都，万达成立了东方影都管理部门。在外人看来似乎是个臃肿的机构设置，实际上却提升了项目的执行效率。

第二，重视项目内的现金流管理。

万达一直将现金流看成企业的生命线，对现金流的管理思路是：其重要性超过资产负债率。自从万达开发第三代城市综合体项目之后，每个项目的投入都超过了100亿元，为了保障工期不被拖延，万达加强了开发管理，根据文化项目建设周期长、资金回流慢的情况进行了平衡措施：首先，在项目规划初期设计地产项目进行配套，根据地产项目的预售来补充现金流；其次，一面建设文化项目，一面引进商业和旅游的元素，确保文化项目现金流的稳定性；再次，文化项目需要四五年的建设时间而且在开工前还要多次修改，不断调整和完善文化创意，在一定程度上削弱了对现金流的要求，这是万达重视文化项目的原因之一；最后，万达在和政府沟通的过程中，不断争取政策支持，特别是资金方面的投入，保证了文化项目得到国家规定的经济补贴。除此之外，万达还积极推动企业上市，加快对现金流的多渠道补充。

第三，项目成本管理。

万达运用科学的预算模型的方式，能够将误差限制在万元之内，保证了项目成本的可控性。万达在对项目进行管理时，要求每个项目签订成本目标责任书，确保成本不会超额，即使最终收入超过了原计划的收入也不能以超出成本为代价。万达通过严格的成本控制，确保了很多文化项目没有成本超额的情况，也在其他工程项目中保证预期目标的实现。万达依靠数据化和精细化管理的方式，不断践行"以利润目标为核心"的经营考核原则，确保在决策每一个项目时能够立即进入评估流程，并对项目所需的成本和产出的利润予以充分了解。此外，万达还十分重视集团投资部和融资部之间的联络关系，保证每一个项目都能清晰地呈现支出状态。

第四，程序化管理。

万达的程序化管理思路是，帮助各个业务部门进行统一规划和管理，强调遵循四大计划——工作计划、投资计划、资金计划以及开业计划作为执行纲领。

工作计划都是由万达集团各个部门制订的，其中包含着下一年度招聘多少人、设计多少产品以及需要对哪些企业进行考察等，每一个计划细则都做到位；投资计划包含着每年要开发多少项目、投入多少成本以及产生多少利润等；资金计划是分析现金流，万达要求总部以星期为单位，区域公司以天为单位，每年7月初进行集中调整且不能超出预算范围；开业计划必须明确落实到某年某月某日，通常会提前排出三年的量，因为在万达看来，只有锁定开业计划才能做好相关准备。

万达的四大计划从每年的9月初开始到年底，为期三个多月，上下部门要进行多次的博弈才能最终确定，如此漫长的执行过程并非效率低下，而是为了保证每一项计划都遵循科学谨慎和有理有据的原则。万达只要抓住这四大计划，就能明确企业管理的核心要点和战略方向，让万达集团在高速的机械化运转中稳步发展。

# 8. 严控工作流程，确保资金安全

　　企业的财务团队是资本安全和资金链良性循环的保障，是维系经营工作正常运转的推动因素。如果企业不能有效管理财务团队，会给企业的经济事务带来负面影响。万达对可能出现的财务团队建设风险进行了充分预警，确保团队管理工作不出现任何漏洞。

　　每一个新的财务项目都可能需要新的会计人员，然而由于一部分人对工作流程不熟悉，可能会出现无法按时到岗的情况，就会影响项目的正常进行，也会破坏财务团队的整体协调性。为此，万达要求项目组自行招聘会计人员并制定了严格的时间点：必须在项目摘牌后的九十天内招聘到位，当项目财务副总到位之后，需要在最短的时间内启动会计招聘工作。如果有些项目需要更多的人手，可以根据实际情况开放多个渠道进行招聘，如果遇到难以解决和协调的事情，需要尽快与商业地产财务部进行联系。

　　当新的财务人员到岗之后，即使有着扎实的专业基础，仍然有可能面临缺乏工作经验的问题，为此万达推行了培训政策，确保新员工能够尽快熟悉和适应岗位。通常会由财务副总组织学习，所有财务人员必须一起参加，对万达集团的各种制度进行深入细致的学习，具体的学习形式可以放宽，比如，采用轮流上台传授、集体学习等形式，避免让员工感到枯燥乏味。单纯让员工学习理论知识还不够，如果条件允许可以到万达的一些老项目中取经，遇到难题可以从兄弟公司那里请教，让那些对万达各类项目有经验的工作人员发扬传帮带的精神，帮助新员工尽快熟悉财务工作。

新员工需要的不仅是业务知识，还有企业文化，特别是当工作压力比较大时，会加剧员工的心理负担，影响他们对新企业和新岗位的适应性。对此万达采取的措施是，在招聘财务人员的时候选择认同万达企业文化的人、在入职之前对万达有一定了解的人，这样能加快他们适应财务工作的过程。另外，财务副总要及时与出现问题的员工进行单独谈话，不仅关心他们的工作情况更要关注他们的生活，帮助新员工做好职业规划。对新员工也要进行合理的工作分配，确保每一个人都能发挥各自的长处，从而提高工作效率，同时利用空闲时间组织团队学习，增强新老员工之间的交流，凝聚团队战斗力。

财务工作相对其他工作而言更加枯燥，容错率极低，会给财务人员造成很大的压力，当他们进入忙碌的工作状态之后，初始的工作热情可能会降低，进而影响到他们的工作效率。为此应当在财务部门的内部展开工作轮岗制度，这样既能增强他们的新鲜感也能使其熟悉更多相关工作流程，帮助员工对财务系统有更全面的了解和认识。

此外，对各类财务分支岗位要进行科学合理的设定，避免出现工作职责重叠的现象，防止员工之间推卸责任。如果员工对万达的财务工作有建议或者意见，应当鼓励他们提出并讨论，这样才能激发他们的工作热情，对那些能力欠佳的员工，要鼓励他们通过学习和实践提高自身的能力。

财务团队牵涉与很多部门对接的工作，具有较大的开放性，因此难免和其他部门发生沟通不畅的情况，这不仅会让员工之间产生矛盾，还会影响到交叉项目的推进，进而破坏企业的整体战略布局。万达对财务人员的特别要求是，从集团整体战略出发，要学会说"不"，更要明确做什么是正确的，同时要树立集体主义、共同协作的观念。当遇到一个问题想不通时，要学会换位思考，站在其他部门的角度思考问题，加强和其他部门的沟通，避免相互指责的情况，当然，对于原则性的问题一定要坚持，不能让步。

当一个项目进入尾期之后，一些地方的项目公司需要分流，这时难免有人要离开团队，如果不进行适当的维稳工作，会造成团队的不稳定性。为此，万达要求财务副总尽早和相关财务人员进行沟通，处理好人员分流工作，同时根据业务完成的实际情况上报给商业地产财务部后，才能执行分流计划中的内容，尽量减少或者避免因变动分流引发的团队震荡。此外，对财务人员的考勤和薪酬制度要采取内部考核、全员参与的原则，不漏掉每一个人对各项制度的看法，运用科学合理的方式设定考核指标。如果财务人员对公司的薪酬制度不满，要及时发现并引导他们加强业务学习，提升专业技能，这样才能让优秀员工有机会得到更好的发展平台和机遇。

企业的日常核算工作内容复杂，财务人员能否做好这项工作将关系到资金流向、盘点等多方面问题，只有加强平日工作的有效管控和运行，才能避免各类财务风险。万达对财务负责人的核算职责是，必须明确各个岗位的职责权限和任职条件，每一项工作都必须落实到人，不能出现管理真空地带，对核算队伍加强建设并根据实际情况建立起完整的人力资源管理体系，包括招聘、培养、考核和劝退等一系列内容，优化人力资源的配置。除此之外要对核算人员进行稽核制度的管理，确保财务工作至少达到一级有效复核，并通过定期评估管控手段和组织架构确定是否满足企业的要求。

在内部控制方面，必须遵守不相容岗位分开的规定，不得由一个人独立办理货币资金业务的整个过程，同时要求责任人遵守集团制定的收支条件和审批权限，对财务专用章和法人代表个人名章小心保管，不能让一个人全权负责。财务人员要专门保管财务专用章，对于大笔的款项要经过财务负责人复审之后才能发出。

万达建立了有效的交接机制，保证原始凭证在财务部和其他部门之间进行交接并保留交接痕迹，防止日后出现责任纠纷时无从查证。另外，万达也着力加强在日常资金管理方面的工作，比如，账务处理要准确及时、遵守万达集团制定的各项规定、保证档案的安全性和银行企业在直联系统中维持正常的交互关系等。

对于万达的财务人员来说，盈利预测工作是关乎财务工作的重要内容，万达要求财务负责人必须是经营班子的成员，要能够站在集团的管理视角去整合资源，要对所有项目和周期进行准确预测，保证年度利润指标能够精准实现。为此，万达确定的盈利预测编制要求合乎核算原则、要素范围完整以及风险预估准确等，财务负责人可以在不破坏核算大原则的基础上对不合理的内容进行纠正，比如，各项收入的可实现程度、费用年度分配是否合理以及营业外收入能否实现等内容。

为了规范财务工作，万达将财务的日常工作纳入模块化管控当中，只有按照模块化节点约定的时间和标准完成才行。一旦发生瞒报、漏报等情况，要进行相应的惩罚，严重者可直接解聘。

财务团队的人员素质关系到企业的金融安全指数，万达通过内外控制相结合的手段，以提升专业技能为切入点，培养和筛选出了一支精于业务、忠于企业的优秀团队，确保了财务管理的有效运行。

## 第六章

# 优化管理模块，增强抓取用户能力

"

万达广场开起来以后会出现一个现象，那就是不像一般的商业物业需要两年以上的市场培育期才能火起来，只要开起来就能拥有可观的客流和收入。

"

# 1. 建立媒体联盟，提升品牌知名度

当Uber和滴滴打车成为人们日常生活中不可或缺的组成部分之后，一个新的概念走进人们的视线——共享经济。虽然很多人还没有弄清这个概念的深意，但它已经渗透到人们的日常工作和生活当中，而新媒体正是负责传送共享经济的主要载体之一。毋庸置疑，在互联网时代，在共享经济的作用之下，新媒体的地位日益重要起来。作为个人和公司来说，公众号是新媒体，也是内容创业者和企业对外宣传和营销的阵地，能否在新媒体这块市场中闯出属于自己的一片天地决定着日后的发展。那么，如何对新媒体进行管理，让它发挥最大的功能，成为一个亟待解决的问题。

2015年的母亲节，万达和外界联合，开展了一个主题为"母亲节快乐，我在万达挺好的"活动。这个活动从策划到拍摄再到后期推广只用了半天的时间，最后所有参与的员工通过各种新媒体通道将这个信息发送出去，引起了社会的关注和广泛的反响，帮助万达树立了温馨、人性的企业文化特征。不过这件事的背后并非仅是营销，而是源于2015年5

月14日万达和万科的世纪大合作，万达和万科在北京签署了战略合作框架协议，正式建立了战略合作关系，两家公司决定在国内外项目上一起开展深度合作。

万达和万科的合作引起了舆论界的关注，人们关注的不仅是强强联合，更是双方对新媒体的战略布局。很多人猜测，万达从此要将新媒体渠道管理纳入企业日常管理工作中，列为重要组成部分，以此发挥共享经济在互联网时代的作用。果然，过了半年之后，中国第一家企业级别的新媒体联盟正式成立，这就是万达新媒体联盟。

企业管理涉及很多方面，但是将媒体渠道作为一个分支，是万达独有的一次突破。在万达新媒体联盟成立后，无论是媒体行业、房地产行业还是旅游行业，都对这一举措给予了很大的关注，很多人专门致电万达，询问新媒体联盟到底是一个什么样的组织。

首先从数据上看，万达新媒体联盟是目前中国最大的企业自媒体，包括了万达集团及其下辖系统400多个公众号，粉丝数量达到1600万，微博账号也有400多个，粉丝突破2500万人（数据统计时间为2015年11月）。从这个庞大的体量来看，万达新媒体联盟俨然成了国内最大的微信订阅号的晴雨表，它关联的是上千万的个人和团体账号，拥有广泛的受众基础和惊人的阅读量。

产生了新的管理内容之后，势必要建立新的管理原则和规范，特别是动辄千万的受众基数，万达该如何管理呢？

第一，高效联动的方式。新媒体联盟成立了联盟理事会，作为一个常设机构存在，主要工作是负责联盟的统筹和运营，每年召开一次新媒体联盟大会，每半年召开一次新媒体联盟常务理事会。从组织性质来看，联盟理事会具备了统观全局、统控全局的作用，是一个地位较高的总控部门，但并非一个集权部门。因为新媒体需要具有自由化和个性化，权力过分集中不利于发挥各自的渠道优势，所以在联盟理事会之下的每个系统都拥有独立的操作权，在没有特别任务时可以自行安排工作内容和时间，而一旦有任务指标，就要马上听命于联盟理事会，有点"闲时为农战时为兵"的意味。

第二，建立三级响应机制。在万达成立理事会之后，怎样才能让这个庞大的组织行动起来是难点，每一个媒体宣传任务都和传播的内容有关，同时受制于策划和创意的水平。万达通过三级响应机制，根据事件和新闻的重要性，安排能够承担起任务的账号和媒体渠道协助行动。万达对新媒体联盟的管理，并非只为了传播，而是把那些被人们闲置的资源充分利用起来，与各个媒体群落产生高互动性的交集，互惠互利，为此，万达特别成立了一个万达媒体联盟微信服务号。这个平台容纳了很多有关媒体服务的部分，能够建立万达和媒体的强关系。

第三，线上和线下双管齐发。共享经济虽然诞生在互联网时代，但并非只局限于网络，而是以网络为连接的桥梁和枢纽，让线下资源和线上信息相结合。万达新媒体联盟内容交换平台，主要的作用是本着内容服务的宗旨，将联盟内的一切微信号都联动起来，发挥互通有无的作用，通过这个平台能够让各个账号都联动发布并进行内容互推，扩大成功营销案例的可复制性和借鉴性，让其他产生交互关系的新媒体也能够在第一时间推送或者作出反馈。

第四，制定"万达币"，激发参与者的积极性。由于新媒体联盟组织庞大，人员众多，单纯用人管人的方式往往会事倍功半，为此，万达推出了"万达币"——一种和Q币相似的虚拟货币，这是一种独创的内部激励的措施。由于新媒体在传播时存在着可复制和可借鉴的特征，为了公平发稿和竞稿，万达规定每个新媒体号都有1000个万达币，每发布一次任务就要花费50个万达币，每领取一个任务也能拿到50个万达币。假如某个人总是要求别人发稿，那么自己手中的万达币会越来越少，唯一补充的方法就是领取新的任务，才能保持万达币在总量上的平衡。通过这种极具互联网思维的创新手段，万达成功激活了新媒体联盟工作者的积极性和参与感，打造出了既有竞争氛围又能良性循环的管理基础。

从这个角度看，万达对新媒体渠道的特点了如指掌，因为目前在各大新媒体中，刷量、刷点击、刷数据等作弊现象层出不穷，如果单纯花钱找了大号进行营销推广，很可能对方也是用作弊的方式"回报"给你一个假数据。为了避免这种情况，万达将新媒体联盟打造成了一个自带传播监测功能的平台，确保任何一个微信账号在发布文章和传播的时候都自动接受监测并绘制传播图谱，因此一旦有人作弊就会发现异常并进行预警。

2016年，万达在西双版纳召开年会，王健林像往常一样作了工作报告，文字内容一出，各大官方新媒体立即作出反应，订阅号、服务号同时被引爆，总阅读量瞬间飙升到了将近百万，如果在这个基础上将更多的新媒体账号联合在一起，产生的"爆炸性"自然会更强。于是，万达新媒体联盟根据实际情况，趁热打铁，采取了一级响应的措施，通过内外联动的模式全面打通宣传渠道，将万达的年度计划公之于众，引起了社会各界的广泛关注。

新媒体联盟对内要管理，对外也要筹划，目前新媒体联盟有上百个大V和超过1.5亿的粉丝，盘子越做越大。

2016年9月25日，万达在合肥的万达城召开了一场新媒体生态峰会，出席会议的有万达新媒体矩阵和100位微信自媒体大咖，成立了"万达自媒体联盟"。通过这次大会，万达在新媒体战略管理方面迈出了更大的步子。从某种角度看，万达自媒体联盟是万达新媒体联盟的2.0版本，因为这个联盟不仅基数庞大，而且包含的中坚力量都是各个自媒体的杰出代表。因此在成立大会上，万达集团和100家社会化自媒体宣布：万达集团旗下公司的600家自媒体一并进入企鹅号等六大自媒体平台，万达等九家企业也一起发表了《企业自媒体合肥宣言》。

这次大会的召开，宣告万达自媒体传播升级到新的时代，从过去单纯依靠自身能力逐渐转变为依靠社会资源整合、走平台战略的新模式，这个转型对万达和与之关联的自媒体生态及生存方式有着重要的影响。因此万达提出了这样的观点：想在这个领域作出一些非常有力的探索，其中涉及三个原因。

首先，万达需要借助新媒体之力。如今新媒体已经进入了4.0时代，从微博到微信，从单打独斗到组团群战，万达需要获得更大的发展空间，在这个空间之下才能对新媒体资源进行更有效的管理，通过平台优势提升企业市场竞争力。

其次，其他和万达类似的企业也需要新媒体，因此，万达愿意在这个领域中作为一个探索者，通过牵引、整合、管理、运用新媒体资源，开拓出一种全新的企业和新媒体合作的方式。

最后，万达需要为新媒体的发展创造良好的环境，每一个适合新媒体生存的生态群落，新媒体自身的力量都难以得到发挥，也不能帮助企业实现营销和推广的最大化，只有给新媒体创造生存的土壤，才能给企业争取获利的途径。

万达在和新媒体合作的道路上进行了大胆的创新和尝试，将共享经济深层次的理念运用在商业领域中，并为解决随之而来的问题探索出了新媒体管理方法，虽然其中很多管理模块借用了万达成形的管理套路，但是能够安全移植到新的管理体系当中，不能不说是方法论的胜利。

万达无论是在营销还是管理层面都始终保持一个理念：在新的形势下要学会借用新的力量，并用新的思维去驾驭它，这才是符合企业长远发展战略的精髓，也是修炼企业管理内力的必由之路。

# 2. 信息化管理完善广场业态布局

如何进行合理的业态布局，对购物中心这一类的商业地产尤为重要。业态组合不科学，会减少客流量，降低销售业绩，弱化商户和购物中心的合作关系，给商业地产品牌带来负面的经营形象。要想规划好业态布局，只能通过信息化管理手段实现。

万达广场采用信息化管理提升企业经营分析的能力，其管理核心是组建一个大数据分析平台，横跨全国20多个省份和100多个购物中心以及两万个店铺，总客流量超过20亿人次，销售额超过1500亿元，以这个庞大的数据库为基础，基本上可以代表国内购物中心在全国分布的品牌和销售状况。此外，万达还通过智能收银台对万达广场的每一个店铺的客流系统和经营系统进行信息采集，而非来自人工报表，这无疑提高了数据来源的精准度。

万达的信息化分析系统能够帮助万达完成智能决策，筹划未来的经营管理方向和计划。因此，万达更依赖信息化管理而非人工管理，这是万达能够超越很多商业地产企业的管理法宝。

信息化管理能够让万达对万达广场的经营数据进行量化指标，其中包含了平均值指标和相对量指标，另外，还能对万达广场的商户组成、营销活动以及客流量等方面进行全方位的分析和解读，通过这一系列的分析完成经营能力预警和管理异常预警。这些预警能够帮助万达随时了解购物中心消费市场的变化，从而作出及时的战略和战术调整，有助于万达的经营管理走向科学化和规范化。

信息化管理能够让万达对万达广场的客户群体进行科学分析，从中寻找出消费特征。由于万达广场的客流量很大，每年平均日客流量超过百万人次，而且人员构成复杂，想要依靠人工进行分析完全不可能。另外，这些客户当中有超过60%来自万达电商大会员，代表着和万达广场有很强的黏着性，因为这一部分客户能够为万达广场带来稳定的客流和收益。

经过万达的信息化系统对广场的客户分析可知，其中超过70%的客户年龄在26岁到45岁之间，具有很强的消费能力和消费欲望。通过进一步分析还能发现，超过50%的会员经常使用微信和微博，这类年轻群体有着相对理性的消费观念，比较关注各种打折优惠活动。另外，通过对客户群体的消费习惯分析，万达发现每个月他们都会至少光顾万达广场两次，这种黏着度在商业地产中已经十分罕见。为何能达到这种程度？这与万达的客户定位和自身属性有关：万达广场的选址已经密切联系了周边消费环境，一切都是用数据说话，以信息决策，用智能管理。

万达广场多年的信息化管理得出一个结论：普通消费者在购物中心逗留超过两个小时就可能产生消费。而万达在国际购物中心的行业分析中作过的另一项统计是：逗留时间超过两个小时之后，每分钟产生的收益和购物中心产生的消费都超过了10%，而万达电商的大会员的平均逗留时间长达3个小时。万达广场根据这些数据，进一步掌握了客户对万达广场的依赖性和需求性，能够加强某个环节、某个区域的经营管理和服务管理。

站在消费热点的角度来看，万达广场的营销核心还是在主题店和各种相关的体验业态上。然而随着时代的变化，儿童和体验业态的集客能力正在形成，相对而言，服装和其他生活精品类的吸引力差距逐渐缩小，过去万达广场主要依靠服装来吸引客户，现在其他生活精品也成为吸引客户的热点。收集这些数据，能够让万达在选取商户、规划店铺门类、抓取客户群体等方面有所参考，避免遗漏消费热点、流失客户。

除此之外，信息化管理还能帮助万达合理规划购物中心的经营策略。现在万达广场的主题店当中，有超过200个品牌和1000个店铺，这组数据证明主题店依然是购物中心的吸客热点，是万达广场的消费中心。然而在宏观经济形势的影响和电商的冲击之下，传统的百货店和超市业绩逐年下滑，面对这种不利的局面，万达加强了时尚集合店以及品类专业店等的经营，用最大力度抓取消费者。与此同时，随着儿童业态的兴起，万达加强了对这个新领域的开发和建设，目前与万达合作的有400个品牌、500多个店铺，尽管销售贡献目前只有3%左右，但是增长幅度十分明显，比如，在2014年，儿童业态增幅是46%，到了2015年上半年就达到了88%，成为增幅最大的品类。

由于准确预测到了儿童业态的发展前景，万达加强了儿童综合零售店在万达广场中的占比，此外，万达还摸清了相关规律：普通的儿童零售，最理想的店面是160平方米，小型的儿童娱乐要达到280平方米，早教培训需要达到400平方米，概念书店要达到140平方米，教育培训为

400平方米，专业美容美发是140平方米……通过对这些门店建设规律的分析，万达广场进行了合理的改造。

信息化管理还能帮助万达进行品牌战略分析，比如，万达发现服装品牌能够建立起强大的连锁性，连锁率超过40%。以这个数据为参照，在万达广场中开设了超过一半的服装品牌连锁，为万达提供了业态总量的90%以上的销售。从中国整个市场的角度来看，万达对每一个区域都进行了分析，东北地区位列前三名的都是品牌集合店，华东地区位列前三名的是运动、牛仔和淑女装，华南地区位列前三名的是休闲、淑女装和运动……根据这些数据整合，万达对万达广场的服装店铺进行了科学的规划：并非面积越大越好，而是频效越高越好。如果不对大数据进行观察和分析，一味追求规模化效应反而会影响业态发展。

除了服装，餐饮也依靠品牌连锁获利。现在和全国万达广场合作的餐饮品牌超过2000个，销售贡献达到15%，其中洋快餐的市场占有度最高也具有最强的销售能力。在相同的市场份额中，西餐和地方特色餐饮的销售能力要强于中餐，其中尤以甜品和水吧的利润最高。但是和服装品牌相比，餐饮品牌连锁的程度不高，连锁率低于20%，其中洋快餐的品牌连锁率超过50%，因此也影响着万达对此类店铺的招商、规划和引导。

从精品租户的角度来看，目前和万达合作的全国精品商家数量多达上千家，超过4000个店铺，销售贡献占10%。从万达搜集的数据来看，生活精品类的增长幅度超过了服装类，从经营的层面分析可以发现，数码集合与护理集合成为潮流精品业态中的佼佼者，这与万达电商会员中的消费需求分析相契合，符合其年龄特征和消费方向，验证了信息化管理的优势。

信息化管理让万达广场确立了对店铺构成、商户选择、市场分析和客户抓取等方面的认知和规划，避免了探索式经营的弊端。一切以数据为基础，一切以分析为出发点，成为万达经营管理、服务管理和客户管理中的重要组成部分，推动了企业长远战略和经营策略的调整和完善。

# 3. 独特的"吸客式"销售管理

现在很多城市都有以万达广场为中心的商圈，万达广场已经成为一些城市的地标，它之所以能带动实体消费需求的增长，得益于成功的销售管理策略，为万达营造了良性的销售生态，而这个业态的核心特征就是能牢牢吸引客户购物。在相对应的销售管理体系中，有三个因素不可忽视。

第一，万达广场包含着符合快速销售的物业组成部分，如写字楼、公寓、步行街等，其中商业步行街是标配，这是由于商业物业的销售溢价要高于普通住宅和公寓；第二，万达广场建立了封闭的购物中心并成为其自持有物业；第三，万达购物中心的前期运营目标是在短期内达到店铺满租，对租金的收入并没有太大要求，这是因为万达购物中心并不以租金为主要收入。

以上三个因素是万达广场销售管理的策略核心，也决定了万达在跨越一二三线城市的状况下采取的折中管理策略。此外，万达还有一整套吸引客户的销售管理手段。

第一，通过包装推广城市综合体实现快速销售，对此万达在选址管理上明确优先顺序，比如，将城市或者城市群的发展中区域当作最佳目标，此外还包括大城市新区和城市中心区等。一旦万达在这些地方站稳了脚跟将获得良好的开局，物业价格也会一路上涨，从而推动快速销售的进程。现在不少地区的万达广场销售物业火爆恰好说明了万达管理方针的正确性。

第二，通过万达广场的规模化凸显竞争优势。万达对万达广场不同属性的物业进行了规模增量，帮助其建立规模优势，提高了销售物业的利润，形成足够的市场吸引力和关注度，借助先发制人的优势将潜在的客户快速拉入进来，还能降低建造成本。

第三，通过强化万达广场对地方政府的吸引力，获得一定的政策优惠，同时提高在与政府相关部门开发过程中的议价能力、拿地速度以及公建配套等优势。其中议价能力最能体现万达的政府关系管理的效率，如低成本获得土地等。从这个角度看，虽然万达广场的规模较大且具有分期开发的特点，但是只要遵循万达既有的管理方针就能更好地完成开发。

第四，通过快速复制扩张的方式便于管理操作。现在万达开发商业地产的基本条件是在用地、规划、设计以及主力店招商等方面实行的标准化运作，为此万达一直强化这些要求并通过严格管理贯彻执行。比如，万达需要获得比较方正的用地，因为很多万达广场是在长方形规划地上建造的，只有在政府关系管理上取得成功才具有这些优势。而那些用来销售的大部分商铺也需要设计成环绕购物中心的商业步行街，只有和购物中心切分之后才能形成良好的销售生态。此外，主力店和非主力店也要分开，避免拉大销售差异。最关键的是，万达需要在内部管理系统上采用标准化管理，根据事先制定的细致的操作手册和规章流程来执行，让各个项目团队做出周期性的考核并和万达的整体销售计划完成率挂钩，便于进行业绩考核，这也是万达长时间储备海量项目总经理的原因。

第五，万达通过自营组建的多个业态购物中心主力店，实现了快速招商、满租和准时开业等，这些为万达日后的商业运营准备了时空条件，避免因外界因素产生其他负面影响。正是因为万达采用了标准系统作为管理依据，才能对主力店实施科学化、合理化的管理手段，否则会导致万达购物中心不能按计划开发，也会因为区域限制而导致一些商务谈判失败。另外，万达对万达百货的主要业态主力店的管理，促使这些店面在使用面积上有充分调整的权力，填补在招商不利时的空白，也能凭借百货的名义用扣点方式提高招商速度和质量，从客观上推动平均租金的下降，对广大租户产生优势明显的吸引力。

第六，通过和全国连锁大品牌签署合作协议，加快开业速度并简化招商流程。这个策略能够弱化其他地方性的品牌，凸显万达的竞争优势。万达能够维持可以接受的租金标准，也能建立相对简约的商户管理模式，推动万达购物中心朝着全国化的大型娱乐连锁卖场发展，体现出平民化、规模化、综合化等优势。目前，万达还没有真正遇到强有力的地方竞争对手，万达购物中心依然具有吸引客流量的优势。

第七，万达通过融资管理增强项目的快速复制能力和物业增长水平，在速度提升的前提下增强企业债务的扩张能力，吸引更多的资本进入，这是万达有能力发展大规模文旅城的动因，也为万达营造了企业转型的拐点。

第八，万达通过建立大规模的业态提升商业综合体的竞争优势。万达在业态管理方面做了很多细致的规划，能够确保万达的商业综合体具有餐饮化、休闲化和娱乐化的业态特征，让收益逐渐减少的传统零售业从主要地位退居到次要地位，以适应市场环境的变化。

综合来看，万达在企业管理上的精细化促使它在各个商业领域中产生差异化优势，这不仅源于万达丰富的管理经验，更有赖于万达敢于突破和创新并能坚持既定目标和方针的企业特质。

万达的营销管理原则是，确保在房地产升值的条件下，通过资产增值的方式实现融资和现金流，建立起一整套标准化的、可复制的经营管理模式，确保万达能够适应任何市场环境和竞争模式，维持高速的扩张和发展。

# 4. 解读万达广场"走心"的商户辅导

万达广场是万达集团的支柱产业之一，也是关乎万达企业品牌形象的门面。尽管万达开始向轻资产化模式转型，然而万达广场依然影响着万达在商业地产领域的营收排名。在没有彻底完成转型之前，如何确保万达广场在快速、持续、稳定的状态中发展，考验着万达的经营管理能力，尤其是对万达广场商业生态的分析和辅导更影响着其经济命脉的盛衰。对万达来说，既要掌握制胜诀窍，又需要运筹帷幄，通过科学的管理手段对万达广场的发展前景作出预估和预警，对入驻商户进行有效的引导，这样才能提升万达广场的赢利能力，保证利润收益。

第一，实施预警管理。

做好商业预警的前提是进行准确的分析和定位，这是企业管理工作中重要的组成部分，也是万达广场能否进入良性经济循环的保证。万达广场的商户管理工作建立在准确的商业预警的基础上，一旦缺失预警管理，将不能为商户作出正确的辅导，也就丧失了权威性。

预警管理的核心是对销售和客流的预警，通常包含三个考核指标，即租售比、销售坪效以及租金坪效。为此，万达运用大数据管理的思维对万达广场内的客流进行分析，万达商管公司也从实际出发，根据万达广场各个商户的经营成本、客单价、消费率等基本状况，对商户的潜在客户进行预测，经过科学分析和筛选之后，构建了符合商户特点的销售和客流预警值。每年的12月31日前，万达相关部门会上报下一年的销售和客流预警值，协助集团高层尽早作出判断和决策，指导商户下一年度的经营策略。

第二，对商户经营辅导。

经营辅导指的是商业运营管理者凭借书面文字等形式，对其管辖区域的特定目标进行相关指导，帮助他们修改和调整商业策略并提出改进要求，也可以看成是企业对商户在经营领域的管理建议。一般来说，有四类商户需要进行经营辅导：某个时间段内经营状况不佳的、装修升级后经营业绩不稳定的、新品牌进入后经营业绩不好的和长期处于不善经营状态中的。

万达对经营业绩不好的商户进行辅导，就是帮助他们分析日常经营管理中的漏洞，将业绩差的转变为业绩好的，改善商户经营状况不理想的现状。如果条件允许，万达还会通过各种手段全面调动集团和商户的优势资源，帮助商户改变原有的经营方式，引导和规范商户的内在管理和销售方式。

在对商户的辅导管理中，万达始终强调四个要点：第一个是观察发现，这是辅导管理工作的必要前提，依靠每天的大数据统计和日常对商户的观察、沟通，整合有价值信息，尽早发现商户存在的问题；第二个是阐述现状，对商户的经营情况进行深入调查，对发现的问题作出深刻剖析，制订具有针对性的解决方案，让商户有据可依、有实可查；第三个是提出建议，发现商户存在的问题后，在商品质量、动线设计、人才培训、货品管理、经营环境、品牌宣传、促销活动以及管理机制等方面提出建议，为商户提供一份清晰明确的改进计划；第四个是效果评估，包含短期效果评估、中期效果评估以及长期效果评估。

将第三个要点展开分析，可以看出万达在商户管理方面做到了精细化。

人员培训。一些商户经营业绩差的根源是缺乏高素质、专业化的销售人员，因此，万达将人员培训看成是帮助商户改变经营落后现状的主要措施。万达会根据不同的店铺类型，提出不同培训相关从业人员技能的办法，增强营业员的销售技能和服务技能，提高他们的工作积极性，促进商户销售业绩的提升。

品牌宣传。很多商户因缺乏品牌宣传能力而导致其业绩落后，在万达看来，品牌宣传力度的强弱直接影响商户销售额度的高低，所以万达广场会通过建立各种立牌、DM单页以及LED灯和墙体广告等静态展示方式，调动优势资源帮助商户进行宣传，同时商户也可以依靠电视、车体广告、报纸软文等方式进行宣传。

促销活动。商户能否做好促销活动，也是影响业绩高低的主要因素，而且促销活动力度的大小会决定其对消费群体的吸引度，然而过大的促销力度又会削减商户的收入，这里涉及科学的计算，为此万达会帮助商户确定合理的促销底线，协助商户开展丰富多彩的品牌推广活动，提升客流量。

货品管理。货品管理的成功与否也决定着商户销售能力的强弱，比如针对服装业，万达会给商户提供建议，让他们根据实际销售情况对弱势品类进行调整，同时提高强势品类的曝光度，拉动销售额度。

经营环境。一般包含店铺的气氛设定、灯光照明、店招管控以及背景音乐等元素，一个充满时尚气息且符合经营特色的环境，能够从心理上打动客户，有利于商户销售业绩的提升。万达会根据万达广场全年各大节假日的时间表，让商户提前做好准备，在店铺中营造合理的经营氛围吸引客流量，提升店铺的知名度和口碑。

动线设计。是指凭借货架组合和建筑设计等方式吸引客户在店铺内流动，提高他们在店铺内的消费金额，从而增强商户的销售能力，拉动经营效益。曾经有一个万达广场的店铺，因为拥有一条狭长的通道导致客人进店不畅，影响了销售额，考察过后，万达对该店提出建议：避免在店门口摆放过高的货架，因为会遮挡后排货架；店铺中间位置的通道两侧也要摆放较低的货架，确保进店购物的顾客有开阔的视野。经过调整之后，该店铺的客流量有所增加，销售额也得到提升。

管理机制。是商户内在的管理系统的组成和运行原则，万达对这类建议十分谨慎，因为它从根本上关乎店铺的销售。在万达的建议下，很多店铺建立了完善的管理机制，确保其维持在良性经营状态中。

商品质量。这是店铺生存的关键，特别是餐饮类的商户更是如此，食品安全问题不仅影响销售业绩，还牵涉质量投诉。万达对餐饮类商户的要求是，树立顾客是上帝的原则，要以顾客为第一视角，满足顾客的各种需求并挖掘他们的内在诉求。

第四个要点涉及的效果评估主要包含以下三个方面。

短期效果评估。在一个月左右，对万达辅导的商户进行简单的评估，如果效果较差，必须进行更深入的观察和沟通，并确定下阶段的改革方案；如果效果较好则继续观察并落实辅导方案，让商户保持稳定的销售业绩。

中期效果评估。在一个季度左右，对万达辅导的店铺进行更加详细的评估，如果效果较差要深入分析，为以后招商调整策略并提供借鉴范本，如果效果较好则继续推进辅导方案。

长期效果评估。在半年左右，对万达辅导的店铺进行系统化的评估，如果效果较差，必须马上对该商户进行预警并做好及时调整的准备；如果效果较好，可以优化该辅导方案，为其他商户提供参考的依据。

万达的商户辅导管理，虽然是万达广场管理体系的一个分支，却是影响广场经营面貌和销售业绩的关键，只有本着对商户负责的态度，才能将双方的切身利益紧密联系在一起，只有促进商户经营状况的改善，才能推动万达广场的可持续发展。

# 5. 深化营销管理，打造体验至上的影院

营销是企业的工作重心，没有销售业绩的企业就失去了生存的资本，然而营销又是一项涉及产品、市场、客户、竞争对手等因素的综合性工作，如果没有科学的营销，管理模块会陷入盲目营销的状态中，影响企业的营销计划。

营销管理是企业从用户的需求出发，根据自身经验获得用户真实诉求和购买力等有价值信息，对有计划的各类经营活动进行管理的过程。营销管理的终极目的是实现企业的预期商业期望值，凭借产品策略、价格策略、促销策略以及渠道策略等方式，为用户提供消费满意度，最终实现企业战略目标。

在万达成立院线以后，就一直用超前的营销管理理念进行操作，成为国内院线行业参考的样板。

第一，建立品牌营销管理。万达通过对"万达广场"城市综合体的品牌建设和品牌管理，积极带动万达影院的运营，当影院取得较好的业绩和口碑之后，又通过万达影院的知名度和品牌赞誉反哺城市综合体的

发展，运用科学得当的模块化管理方式推动城市综合体的发展，让万达的全部业态维持着良性循环。

第二，加强渠道管理作为辅助手段。万达一方面帮助广大片商成立专门的客户服务体系，依靠信息化管理渠道，让片商只需要通过系统登录就能咨询到影片的放映数据和拷贝等内容。另一方面依托渠道管理帮助片商分析影片在市场中的需求并提供排片策略。

第三，坚持服务至上的管理理念。万达树立了"以观众观影价值、观影体验为核心"为宗旨的服务管理理念，凭借多种服务的方式增加影院和观众的亲密度，不断满足观众的实际需求。

万达通过营销管理理念的建设，让万达院线确立了"统一品牌、统一排片、统一经营、统一管理"的目标管理原则。与此同时，万达还进行了营销管理策略的创新。

第一，构建体验式的营销。

在当前的市场经济环境中，消费者的地位不言而喻，随着人们生活水平和生活质量的提高，消费者的消费观念也发生了变化，不再局限于物质产品本身，而是倾向于商品的象征性和情怀价值。简而言之，消费者喜欢通过消费来满足精神和物质层面的需求。因此，很多企业走上了构建体验式营销的道路，而对体验式营销的管理就成为决定营销策略成功与否的关键。

体验式营销的管理方法，应当基于消费者的基本诉求，增加消费者与商品本身的关系度和互动指数，重视消费者与企业的沟通和联络，保证消费者在消费过程中产生情感投入。换个角度来看，只有增加产品和服务的附加价值并同时满足不同消费者的个性化需求，才能提升企业利润的增长。

万达影院在体验式营销方面积累了很多经验，比如，在设计影院环境的时候，由于广泛收集了客户数据，所以十分看重影院的分区功能，比如，观众的休息区、会员区和电影展示区等，还针对消费者不同的年龄段设立了儿童游乐区，更根据特殊人群的需求划分出了成人吸烟区，充分照顾到了不同人群的心理诉求。这些都是成功运用客户数据管理的成果，为体验式营销管理提供了信息支持。

第二，创建文化营销管理。

企业文化和品牌文化通常被看作是企业精神建设的核心，如果一个企业缺失了文化策略，不重视文化内涵的培养，从长远来看会给未来的运营工作带来很多麻烦。从本质上来讲，文化营销是对企业文化价值进行传递的方式，是以消费者的文化环境和文化价值取向为切入点，经过市场调查和分析创造出既科学又人性化的销售环境和产品，通过建立这种消费基础与用户展开交易，而文化营销策略管理就在于能否发挥以消费者为中心的思考方式，只有在文化策略中强化对消费者物质需求的满足，才能将企业的文化观念融入营销活动当中。

当今社会，企业和企业之间的竞争不再是产品和功能的对抗，而是企业文化内容的比拼，所以很多人热衷谈论粉丝经济和粉丝效益。一个企业只有构建文化营销策略，才能依靠产品和消费者沟通，而企业文化和品牌内涵就是增进这种沟通的"催化剂"。

万达影院自身的文化底蕴和万达集团的企业文化是紧密相连的，在十几年的发展历程中不断实践并有所发扬。比如，万达影院特别看重和观众之间的互动频率，经常会举办电影院的品牌推广活动，组织社会公益活动以及影迷见面会、影片主题讲座，等等。万达影院的这些管理措施不仅提升了观影人数和人气，更增强了观众对影片的赏析能力，刺激观众的观影兴趣，最终提高影院的票房收益，这就是文化营销策略的成功实践。除此之外，万达还在影院中构建了浓郁的影视文化氛围，为万达影院树立了具有文化内涵的品牌形象。

第三，媒体渠道管理。

企业依靠新媒体渠道提升营销效果已经成为普遍现象，随着互联网时代的到来，新媒体营销在市场竞争中的作用越来越突出，而如今影院正价购票的观众很少，大多数人是通过电影院的优惠券或者会员卡进行消费。从短期来看，降低票价是最有效提升观影人数的方式，也能够助推票房走高。然而从长远来看，这种促销手段不利于大幅度提高影院的票房收益，从而导致影院收入减少，无法快速更新播放设备，不能更好地完善观影环境和服务，最终损害的还是消费者的利益。因此，万达没有将"降价"当成促进影院长期发展的手段，而是加强了对新媒体渠道的管理，通过新媒体这种新兴方式为影院增加收益。

从概念上来看，新媒体主要包含微信、微博等互联网时代的社交群落，与传统媒体相比，具有传播范围广、传播速度快、互动性强等优势，而新媒体指向的人群偏向年轻化，这一群体具有强烈的消费欲望。

在移动互联网时代来临之后，集成了各种APP的智能手机成为掌上消费的前端，也是新媒体投射的重要渠道。尽管万达影院早就开发了手机客户端——"万达电影"，为前来观影的用户提供在线购票服务，不过这个客户端口毕竟辐射的人群有限，万达必须建立和其他手机APP的合作关系才能获得渠道优势。为此，万达确定的新媒体管理思维是借助有力入口，比如微信这类社交软件，将万达院线的购票程序接到微信当中，让消费者直接购票。此外，万达还和腾讯QQ进行了合作，只要新开设一家万达影院，就会向本地的QQ用户发送弹窗，也会在腾讯的网站上做宣传，还可以通过百度地图进行导航和宣传。

万达借力互联网巨头的资源，打通了一条新媒体的运营渠道，成为国内唯一一家享有APP推广优势的影院，这种具有超前性、便捷性和时尚性的推广方式，使得万达位列其他影院之上。

在瞬息万变的商业环境中，企业的生存压力越来越大，为了增强抗风险能力，万达不断学习其他企业的成功管理经验，避免在创新管理的道路上犯错，无论是在体验式营销还是新媒体渠道的管理方面，万达都极力避免走弯路、错路，期望利用互联网思维建立竞争优势。

# 6. "以业主为本"的服务管理思路

回顾万达的发展史，万达广场从2002年开始面向全国，经过十几年的发展成为中国商业地产中的代表之作和借鉴学习的典型，目前覆盖全国几十个城市。万达广场的成功，是服务管理的成功，它构建了一种成熟的经营模式。如今万达广场已经成为很多城市的商业中心标志，拥有万达广场的城市，往往都以万达为核心向外辐射，形成具有影响力的商圈，甚至会带动某个城市区域经济的发展，使其演变成为商业中心。

万达广场从2008年进入提速阶段，每一个项目的投资建设速度在行业内都是首屈一指的。王健林曾说："万达广场开起来以后会出现一个现象，那就是不像一般的商业物业需要两年以上的市场培育期才能火起来，只要开起来就能拥有可观的客流和收入。"对此，王健林的解释是："我觉得这里面核心的一个方面是我们的运营管理比较好，就是我们的商业管理公司，这实际上已经成了万达核心竞争的一部分。"

万达广场的成功之处在于狠抓细节，这是一种产品管理和服务管理的双重结合之路。现在，万达的注册购物会员只要进入万达广场就可免费上网，这种"特权"带来的结果是双向的：一方面为客户创造了便利；另一方面可以收集大数据作为客户分析的基础，为万达下一步的营运服务寻找参考资料（万达将这些数据视为商业机密，绝对为用户保密）。

去过万达广场的人都知道，广场顶层没有遮雨设施，这参考了国际通行的设计标准，并非有意节约成本，因为万达已经和世界接轨，不能在细节上脱节，所以采取的都是国际标准化建设。同时，万达广场还处处从维护商户利益的角度出发，从科学规划到商户储备再到客户服务，都投入了大笔资金。为保持万达广场的知名度和活跃度，万达还会不定期邀请明星暖场，通过各种促销和演艺活动为万达广场引来客流，增加商户的盈利机会。

万达广场在很多城市的影响力巨大，成为地方性的购物消费场所。随着万达广场逐渐增多，万达明确了一条原则：只有采取科学的商业管理服务，才能切实保障商户的利益。这个原则符合万达的"以业主为本"的经营之道。

万达是善于从危机中寻找机遇的企业，由于传统实体经济遭受了互联网电商的挑战，导致各行各业都出现了经济萎靡的情况，为此，万达广场加强了对实体店铺的政策扶持：推出各种优惠政策，打造更丰富的商业形态，增强实体门店的竞争优势。过去，商户几年之内就能回本，于是有了"一铺养三代"的说法，然而时代发生了变化，经营实体店铺需要更高超的技巧，万达广场只有为广大商户创造更多的机会、提供更全面的服务，才能与互联网电商相抗衡。为此，万达极力帮助商户将实体门店经营下去，这不仅是保障业主的权益，也是维系万达的市场生存空间。

万达广场的服务管理是一门很深的学问，总结其核心纲领主要有三个方面。

第一，通过合理的招商管理来规划广场业态。

王健林说过，万达广场的一个特点是次主力店和主力店的比重较大，占到50%以上，比如百货、电影城、餐饮、超市以及电子游戏等。在众多主力店之中，万达广场在招商时不仅要考虑主力店的品牌优势，还十分注意非零售的比重。王健林认为，万达任何一个广场都力争将非零售比重提高到50%以上，这样能够合理地进行业态搭配，发挥每一个门店的自有优势。

对比同行可知，很多购物中心的招商部门和商业运营部门对广场的业态管理缺乏条理性，导致大量的业态同质化，比如服装和珠宝，难以实现一站式服务的特点。尽管这些门店会交纳高额的租金，却需要两三年的时间才能火爆，增长速度十分缓慢，这正是万达极力避免的情况。

万达的业态管理并非一朝一夕完成的，而是通过多年来对万达广场的调整总结出了"黄金律"，因此，万达目前的业态管理思路是重视文化和餐饮娱乐的比重。

第二，重视商户的盈利状况。

万达曾经提出一个口号，取消利润考核指标，只考核三个项目内容（品质、安全和服务）。万达在提出这个口号时，有很多人表示不理解，王健林称，只要将服务做好，依据广场的调整比率就能判断出是否成功——如果很少进行调整，每个人都能活得很好，就意味着成功。为了佐证王健林的观点，万达特别做了调查，比如在万达广场，每平方米的绩效都是外面店面的两倍以上，万达自己运营的三个品牌的收入是外面店面的三倍以上。

第三，企业规划管理与时俱进。

万达广场通过不间断地调整和升级，逐渐适应了全国各地的区域差异、文化差异、产业布局差异以及消费观念差异等现象。王健林说，中国有十几亿人，再好的企业和规划也不能在这么大的地方百战百胜，想要可持续发展，就要不断对万达广场的门店进行改造升级，调整广场业态和市场环境的契合度。万达曾经有店面发生过业态问题，后来经过几个月的研究和调整，最终让门店扭亏为盈。

万达的房地产项目和万达广场的门店管理有较大差异：房地产项目只要拿到地，定价合理就能出售，而万达广场不仅要经历前期的拿地和开发建设，还要经历后期的培育和经营，需要耗费大量的管理资源去维系。尽管如此，经营万达广场仍有两个好处：既能够获得长期稳定的现金流，又能够获得资产升值。

万达广场的管理思路是：充分研究服务管理的技巧，将服务管理当成企业的核心竞争力。现在一些房企做商业地产时忽略了服务管理环节，将全部精力投入营销管理上，这实际上背离了商业地产经营的原则。

## 第七章

# 竞争的强度始于管理的深度

> 我们以开拓者的身份，为其他企业树立一个信息化的行业榜样，做出一套标准，供全行业使用，我们有这样的责任。

# 1. 信息化管理成就新竞争策略

目前，房地产行业竞争越来越激烈，在规模化发展和跨区域扩张的同时，房企还需要通过信息化手段优化管理模式，提升对市场的快速反应能力，改善现阶段房企架构过于庞大、组织过于分散的局面。

王健林很早就意识到信息化管理对企业转型升级的作用，却没有在中国找到业务覆盖广泛、系统化的房企信息管理系统。为了满足这种需求，万达和用友公司联合开发了信息化管理系统。

万达的信息化管理系统涉及三个方面——基础设施、管理平台和信息门户。为此，万达率先建立了属于自己的专门网络，让信息传递变得稳定安全，让全国的万达广场、楼盘和影院都能够通过每个城市的节点接入万达集团的核心网络，再通过核心网络连接到全国。这个信息化管理网络包含着三个系统：ERP系统，下辖十个子系统，是房地产经营系统和技术系统的巧妙整合；VOIP系统，万达依靠它联通国内各地的项目；视频监控系统，凭借专门网络和遍及全国的视频监控系统，帮助万达查看它所建设的各个小区的情况。

万达通过信息化管理系统完成所有项目的操作，除此之外还建立了严格的信息化管理法则，和用友公司一起开发出相关的制度规范，万达的信息工程部起到了监督规范的职能，目前划分为综合组、业务组、信息平台组等6个不同组织，子公司以及兼职的维护人员，形成了一整套信息化管理模块，为万达达到国际化管理水平提供了支撑和保障。

万达的集团管理信息系统功能明确，每一个系统都掌控着分门别类的信息化管理模块，具体分工如下：

招投标系统，负责招、投、开、评、定标等工作内容，同时构建相应的招标信息库、合格供方管理，全程负责招投标业务的信息化处理工作。

项目过程管理系统，囊括了房地产管理的主要核心业务，合理控制目标成本和资金计划以及工程进度等。

营销管理系统，把项目的策划、推广、销售等物业管理功能进行有机整合，其中涉及的是销售费用管理和报表分析等内容。

运营管理系统，将万达商业地产运作模式开发成商业运营管理系统，促进万达各个部门之间的信息分享，它支持多个部门和多个岗位协同作战，也可以反映出每个万达广场的运营状况，为集团高层的决策提供信息依据。

财务系统，是万达为日常核算和财务报表管理建立的专门服务系统，每项业务系统数据都能够自动进入财务系统，同时生成相关凭证。

人力资源系统，是万达集中管理每个子公司个性化需求的多级管理信息系统，能够充分整合人力资源管理模式以及提高人力资源管理效率。

OA系统，是万达的协同办公平台，具有管理文档、管理审批和新闻发布等功能，依靠该系统能够让万达的业务流程进入电子审批阶段，提高审批效率，也能促进文档的高速传递和共享。

信息门户系统，可以让万达与用户之间进行沟通，增强万达内部经营信息和外部市场信息的利用效率，进一步降低运营成本，同时还能增加用户对万达各项业务的了解，强化万达和用户的关系，实现共赢。

万达集团大范围地推广信息化系统辅助管理工作，是对传统管理模式的创新，但由于是新生事物，有些信息化功能未必适用，所以要遵守三个管理原则加以约束。

第一个原则是集中规划，包括万达的工程建设项目、软硬件设施等，建设范围是万达集团所有的业务领域；第二个原则是高效整合、单点登录和信息共享；第三个原则是中国房地产信息化的唯一，现在万达的管理系统已经成为国内房地产行业的全业务流和一体化，在国内房地产企业信息化的发展中处于领跑者的地位，构建了行业信息化的标准。

信息化是现代企业跨区域发展和精细化管理的辅助工具，能够帮助高管人员随时进行监控，构建良好的监管习惯。不过在当初万达提出全面信息化时，有不少厂商和公司觉得难以实现。王健林表示："我们以开拓者的身份，为其他企业树立一个信息化的行业榜样，做出一套标准，供全行业使用，我们有这样的责任。"正是有了王健林的大力支持，万达才克服了技术障碍和人为因素构建了信息化管理模块。

万达的信息化管理并非一蹴而就，而是经历了三个时期——论证时期、开发时期和巩固时期。

论证时期。2004年年初，万达的设计部提出，因为万达集团和信息部存在着信息不对称的情况，会阻碍万达在全国推广经验和总结教训，比如一个城市的某个项目出现了问题，其他城市的类似项目却不能及时了解并吸取教训而重蹈覆辙，给万达造成不必要的损失，所以需要加强信息化管理，让信息系统发挥作用。

开发时期。在敲定了信息化管理战略之后，万达马上明确了信息化建设的总目标。当时中国房地产行业的管理水平远远跟不上其开发的速度，由此产生了不少错误指示，一些房地产企业配备的软件厂商和房企自身的理念不同，不能帮助企业实现某些预期管理目标，而房企的成本控制部、工程部等部门和财务部之间，因为信息的滞后和不对称难以形成有效的联动，更难以进行实时监控。为此，万达认真研究信息高度集中的解决办法，让集团的每个系统都能实现整体运行的效果。2006年，万达和用友公司展开合作，联合开发信息系统。至此，万达的各个职能部门都快速运转起来，商务部和营销部等业务系统也一并加入进来。为了提高效率，万达还从其他部门专门遴选骨干力量成立项目组予以支持。

巩固时期。在信息化管理取得一定成效之后，万达开始着手将这一整套管理模块变成行业的标准和样板。对此有人曾提出异议：一旦将信息化管理的核心对外公开，会让同类企业模仿甚至赶超，这将削弱万达在信息化管理上的优势。王健林却表示，万达有责任为整个行业打造这样一套系统，这是万达企业的社会责任。

万达能够完成信息化管理这一升级过程，主要得益于以下四个方面。

第一，具备实施的条件。信息化管理对一个企业来说是复杂和艰难的，没有王健林的认可和支持难以完成，除此之外，还需要有企业的相关制度作保障。有了清晰的操作流程，还要有高效的执行力。万达在信息化管理建设中，主导全员参与并获得各个系统管理层的支持，从总裁到基层都经过了严格的培训，确保了参与升级管理人员的专业素质，保障了信息化管理系统的实用性。

第二，分工明确。万达首先明确了各参与部门的工作职责，为的是建立体系化的信息管理模块，其中，万达的信息中心负责信息收集等反馈工作，而信息工程部则负责指挥企业的信息化建设。

第三，统一整合。万达统一采购网络硬件和应用软件等信息化资源，不仅是为了节约成本，也是为了方便日后的故障排除和硬件维护。

第四，强化专业人员素质。万达在升级改造中，要求所有参与者都具备良好的综合能力、组织协调能力和通观全局的能力，能够依靠个人以及团队的经验进行商务谈判和项目管理，这种近乎严苛的要求敦促了信息化管理的快速升级。

从当前中国企业的信息化管理发展来看，共经历了三个不同的时期：第一个是零散使用时期，第二个是统一构建时期，第三个是潜在价值发掘时期。目前，万达的信息化管理已经进入第二个时期并向第三个时期过渡。为了尽快完成管理升级，万达将加强信息收集、信息传递等工作，发挥信息化管理的激活效应，高度整合信息化管理模块，为万达实现全球化战略和企业转型打好提前量。

# 2. 严格控制成本，凸显竞争优势

企业要想在市场竞争中占据优势，赢得更多的用户群体，势必要建立价格优势，而产品和服务的价格取决于成本控制。万达的成本控制管理依托于一个完整的组织架构体系，其专门成立了成本控制部门，下辖两个分部门——成本管理和招标管理。成本管理包含过程控制组和目标控制组，招标管理包含招标合约组和集中采购组，两个部门分工明确，责任清晰，由此可见万达对成本控制的重视程度之高。

目标成本组主要负责管理决策文件的研发和贬值以及审核项目现金流、参与建造标准等工作；过程控制组主要负责成本动态管理和商务评标等工作；招标合约组则负责工程类的招标和网上招标管理；集中采购组主要负责组织材料设备的招标工作以及成本系统的行政管理工作；指导检查组主要负责招标和成本管理的检查和指导并给出具体建议。

万达通过细化成本控制部门的相关职责，提高了成本管理效率，建立了明显的成本竞争优势，主要是通过以下六个方面体现的。

第一，平台管理优势。

国内的万达广场和五星级酒店，是率先实现全国布局的大型商业地产投资商和运营商，其领先地位在国内首屈一指。万达的运营业务又包含着以大型购物中心为主题的商业中心投资和运营部门，还有五星级酒店和超五星级酒店的开发和运营、商业运营及物业管理部门，此外，还拥有公寓、写字楼以及住宅开发销售等部门……万达的核心商业地产板块互相支撑、共同发展，经过多年的运营已经融为一体，有效地促进了城市综合体的开发和管理进程，成为万达的标准化业务发展模式，这是目前很多国内同类企业无法比拟的。

万达从1988年成立至今，虽然经历了几番挫折，然而每一次都能逢凶化吉并在危机当中保持增速，尤其是在2008年金融寒冬期间，万达非但没有受到影响，反而实现了逆势增长，这种独特的商业模式，让万达和其他地产公司相比更具有抗风险能力。依托于这样一个稳健的平台，万达能借助规模化优势，促进企业管理水平的提高。

第二，体制管理优势。

万达建立的企业管理机制具有很强的可操作性和执行性，特别是垂直化管理模式，给很多分支部门很大的授权，让他们在向上级部门汇报和沟通时畅行无阻，保证了部门的相对独立性，降低了经营风险。依靠体制管理优势，万达能够以集团为核心，辐射到全国各地的区域公司，有效地进行成本控制，避免了很多企业受制于地方公司而无法实现成本控制的窘况。

第三，项目管理优势。

万达经过20多年的发展，形成了日臻完善的项目管理模块和清晰的工作流程，每一个管理环节都相对独立，成为行业内商业地产运作管理的样板。对于单体商业地产项目和住宅等项目，万达的城市综合体更符合未来房地产行业发展的趋势，其复杂的运作模式也超过其他项目。虽然万达每年兴建的工程项目数量众多、体量巨大且定位高端，然而运作周期却较短，通常30万~50万平方米的项目周期在18个月上下，这种惊人的建设速度让万达保持着行业内的领先优势。未来，万达还会在其他新领域进行业务拓展，弥补自身短板，并通过有效的人才管理增强企业的市场竞争力，通过员工个人价值的提升带动品牌价值的溢出。

第四，人才管理优势。

万达的企业经营环境相对其他很多企业来说要更稳定，这成为吸引人才长期留在万达工作的主要原因之一，而且万达的薪资待遇优厚，更建立了万达学院等机构对新员工进行培训，在人才管理上积累了丰富的经验，带来的是相对稳定的从业团队。

一般来说，房地产行业的人才收入大部分和项目销售情况挂钩，万达每年做的项目很多且风险较小，加上万达的开发速度超过大多数房企，比如，万达在三年内能完成两个大型项目，参与的员工就能拿到两个项目的奖金，而其他房企只能在三年内完成一个大型项目甚至一个都没有，相比之下，在万达工作的人才更能得到优厚的回报，这无疑提升了人才和企业的黏着度。

第五，文化管理优势。

成本管理是一个涉及多方面因素的综合性工作，然而成本控制和工作进度、市场营销等环节又存在着天然矛盾，因此，一个良好的软环境对于控制成本有着重要的作用。万达通过制度管理确保了成本控制部门的权威性和独立性，而万达长期形成的"重制度、轻人情"的企业氛围，提高了成本控制管理的执行力，能够得到其他部门的支持，避免了成本控制部门受制于人、难以推动工作的情况。

第六，合作管理优势。

很多企业的成本控制部门是基本没什么地位的，通常是归属财务部门或者工程部门管理，在企业内部缺少相应的话语权，该部门的员工也少有晋升的机会，导致很多精明强干的人才远离成本控制部门，从而造成了其从业人员综合素质较弱的局面。但是万达没有这种现象，因为万达的成本控制部门具有强势的地位与核心职责，受到集团高层的重视。另外，万达在每个区域公司都有副总专门管理成本控制部，甚至将该部门放到了和销售、财务、工程等核心部门同等重要的位置上，而负责成本管控的管理层也是领导班子成员，给了成本控制部门员工更多的晋升机会，确保了该部门的话语权。

万达通过提高成本控制部门的管理地位和细化控制准则，有效地引导其他部门配合成本控制战略，从全局的角度提升了成本优势，逐步强化了企业的市场竞争力。

# 3. 建立商管模块，打造良性商业生态

万达商业管理的核心就是牢牢把控商业的本质，而这个"本质"是通过多年商业经验的积累以及模块化管理的成功运用摸索出来的。万达利用模块化管理优化了对万达广场的建设和经营，在取得成功之后将总结出来的经验纳入商业经营和管理系统中，也就是万达内部俗称的"商管"。

毋庸置疑，商管是万达企业管理体系中的重要组成部分，假如万达管理不好万达广场，那么整个万达的商业体系就会混乱甚至崩溃。尽管万达的转型方向是轻资产化和服务业，然而商业地产出现问题还是会牵一发而动全身。从这个角度来看，万达的"商管系统"意义重大，它是由商业研究部等部门对商业经营和管理深度研究所得，是指导万达各管理模块的交通枢纽。

当万达还处于早期发展阶段时，王健林就认真琢磨购物商场的人流动线和店铺的经营策略，制定了万达广场的营销策略和业态组合，因此，万达无论是搞促销活动还是品牌落位，效果都不错。万达能够发展

到今天的规模，不是单靠商业经营和建设项目方面的经验，因为这些是很多企业只要用心就能获得的。万达的成功秘诀在于商管模式的确立，是对商业模式了如指掌后产生的宏观管理能力。以这个能力为基础，就能保证万达在企业管理中规避问题，整合最佳资源，赢得市场先机。

王健林对商管模式的把控，让他成功地运用并不丰厚的资金为很多项目拉开了破土动工的序幕，甚至能实现超常规发展。2011年，万达集团的营业额不到1000亿元，到了2012年，万达提出1200亿元的预期目标，实际完成了1417亿元，净利润超过100亿元……万达的商管成功因素主要集中在三个方面的有效管理，即资金协调、商业生态和政府对接。

第一，资金协调管理。

资金协调反映的是一个企业对可控资本的运作管理能力，而万达对资本的运作讲究的是环环相扣、有条不紊，为此，很多行家得知真相后赞不绝口。万达的很多项目是在政府的大力支持下开展的，可以得到较低的拿地成本并投入建设。另外，由于万达重视和国有大型建筑企业的合作关系，建立了稳定的对外接洽管理模式，培养出了一大批能长期合作的伙伴，让万达在和供应商谈判时占据了主动权，所以一部分项目建设的资金能够由合作方垫付，这就提升了万达在成本管理上的优势。

再则，万达和银行一直保持着良好的关系，加上万达拥有大量的自有物业，能够获得相对优惠的贷款，一旦万达在满足预售条件之后，就能用最快速度出售城市综合体中的组成部分，如写字楼或者公寓，实现资金回笼。

由于万达广场的口碑良好，品牌管理工作得当，能够进一步增强和银行的合作关系，保障万达的店铺和公寓等商业地产的购买者和投资人顺利申请到贷款。当万达广场建筑封顶之后，万达能够在第一时间得到产权证，向银行申请抵押贷款，这加快了资本运作链条的流畅性和安全性。等到万达广场开业之后，万达的合作品牌和合作商铺等业态组成部分能够立即进入正常的运营环节。因此，万达能够用为数不多的资金完成超常规、跨越式和滚动式的发展，每次都能操盘几十亿元甚至上百亿元的投资项目，加上万达在其他运作管理中的优势，便能实现资金协调能力的最优化和最大化。

第二，商业生态管理。

万达以万达广场作为核心商业平台，一方面和消费者产生联系，另一方面和合作商产生联系，组成了一个庞大的商业生态系统，让每一个存在于这个系统中的部门都能各司其职、各有所获。

作为消费者，能通过万达广场的一线品牌、良好的购物环境、便利的城市商业区位置获得一站式的购物消费和娱乐体验，而万达能够吸纳到充足的客源；作为合作方，能依托万达良好的品牌占据更多的市场竞争优势，甚至一些国际奢侈品品牌都打出了"跟着万达走"的口号，万达能够进行统一管理和区别对待，设定不同的考核标准和准入条件，从而建立起庞大的品牌库制度，推行不同的合作政策与管控模式；作为建筑公司，能够依托于万达的良好信誉、众多项目，继而在与之合作中获得很多实惠，加之万达和很多国企建筑单位关系良好，能够充分保证建筑质量和项目进度，实现共赢和同步发展；作为供应商，因为万达的项目较多，对供应商有很强的议价能力，加之万达严格的采购制度，能够保证对供应商的管控和考核质量，帮助他们提升企业品牌建设。

万达的线下平台成为一个有机的商业生态系统，具有平台战略优势，这种商业模式非常具有威胁性，只要不出现意外，万达就能保持长期发展的速度，能够在以万达广场为实体的平台核心基础上，拓展出万达自有的文化娱乐和旅游等相关产业，组成更丰富、更具商业价值的生态链条，为万达的企业战略转型做好铺垫。

第三，政府对接管理。

万达在商业地产上的成功与政府的大力扶植有关，而万达广场能成为城市中心并带来国际一线品牌和豪华星级酒店，与万达的建设速度密不可分，难怪坊间称其"开一座火一座"。在很多城市，政府甚至主动找万达商谈合作并给出了优厚条件，从而减少了万达的成本投入，也提高了整个商管系统的执行效率，为万达践行企业战略提供了有力保证。另外，王健林是一个善于维护政府和公共关系的领导者，万达集团高层也有和政府对接的能人，他们在和政府协调拆迁、拿地取证等沟通环节中堪称"谈判专家"，有效地推动了万达管理模式的系统化和专门化。

万达通过优化商管模块，提高了企业的商业管理水平，促进并巩固了与客户、商户、合作方和供应商等多方面的和谐关系，搭建了良性的商业生态。

# 4. 成立商管集团，整合企业竞争力

2017年2月7日，万达宣布成立商管集团，成为行业内热议的话题。万达将现有的万达商业管理有限公司正式改名为万达商业管理集团有限公司，简称商管集团。万达的商业地产研究院和资产管理部被划分到商管集团，负责管理万达百货和儿童娱乐公司。

目前，商管集团的总部编制为462人，领导人数为1正2副共计3人。根据内部人士透露，在万达成立商管集团之后，会继续成立集团证券事务中心，编制5人，其中领导人数为1正1副共计2人。商管集团的成立，意味着万达在企业管理的体系中增加了核心模块，进一步提升了商业管理能力。

在2017年的万达年会上，王健林提出，万达商业以租金为主的非地产净利润已经超过了地产开发净利润，他说："甚至可以说，万达商业已不再是地产企业，所以我几次建议，在2017年底或2018年把商业地产名字改了，叫商业投资管理服务集团，别再当地产商了。"2017年，随着万达转型脚步的加快，其可能会做出更大的动作。

商管集团的成立，意味着万达在企业管理工作上更加专门化、精细化和集中化。王健林认为，目前万达的商业、电影和网络等几个公司在资本市场上都会有新的安排。从目前的情况来看，尽管万达商业的IPO正在排队受理当中，然而具体的上市时间还无法确定，王健林强调的"安排"或许指的正是商管集团。

商管集团的成立以及日后的上市工作，都和人们之前的猜测有所不同，万达将不以房地产开发与经营业这两大类别上市，而是以房地产管理业上市。从这个角度来看，过去国内的房企公司通过资产重组和借壳等方式上市现在变得越来越困难。拿万达集团来说，现在符合上市条件的似乎只有商管集团经营管理的业务，商业物业经营板块当中并没有重资产的部分，万达并没有对商管公司管理的轻资产项目进行投资，仅仅是管理。

商管集团成为万达在2017年的重要调整战略之一，似乎表明了万达正在对商管体系进行关键的组织架构整合。虽然2016年万达商管公司进行过一次调整，不过和2017年相比，动作没有这么大。2017年的这次调整，依靠的是大面积、大幅度的方式让万达的组织架构更加细致，为成立万达商业管理集团奠定了基础。

万达成立商管集团，除了加强管理效能之外，最终还是为了企业顺利实现战略转型。商管集团和万达的轻资产化有着密切联系，而万达未来的轻资产项目会逐渐增多，原来的商管公司不能承担这种负荷，需要扩大组织架构。根据相关数据显示，万达从2017年开始，重资产项目每年将减到5个，到了2020年以后可能不会再去开发重资产项目，而全部改为轻资产。此外，万达配套的住宅项目也会进行调整，万达很可能不会开发新的住宅，这预示着万达将彻底退出房地产开发，进入全面转型时期。

如此大的战略调整，需要万达不断加强转型管理的力度，对于万达来说，只有进一步撬开中国低成本融资渠道，才能获得推动轻资产转型的"金钥匙"，要想保证万达这种当量的商业帝国维持正常运转，自然少不了巨额资本的支持。万达需要足够灵活的资金促进"血液循环"，如果商管集团上市成功，万达就能打开A股的融资通道，这无疑是很好的资金补充机会，能够加快万达的转型进程。

王健林曾表示："2017年将是万达所有年历中算得上重中之重、关键的一年，今年如果能照目标、照预期完成，万达原定的2020年转型目标也许到2018年就完成了。"他这番话验证了人们之前的一种猜测：2017年是万达的关键年，而"关键"二字主要体现在企业转型管理上，如何完成转型目标，如何提前完成转型任务，是以速度为生命的万达迫切需要的成果。为此有人推测，万达通过组建商管集团是为了加强战略转型的执行力度，提前完成转型目标。

万达是从2014年开始走上转型之路的，转型则意味着万达昔日构建起的商业、文化、网络、金融四大支柱产业都会进行不同程度的调整，万达也会按照其企业发展史的规律循序渐进地完成目标，从单一到多样、从重到轻。

商管集团对于万达向轻资产模式转型来说具有非同寻常的意义，因为轻资产化能够助推万达在商业模式和赢利模式上产生破局，因此，商管集团的管理职能也会对轻资产项目产生反哺效应。

2015年，万达在轻资产转型的过程中进行了大刀阔斧的改革，在一年之内关闭了56家门店，很多人认为这是万达百货走向衰落的表现，然而事实并非如此，万达关闭的都是经营业绩较差的门店，那些保留的门店依然是万达百货的业绩保证。2016年，万达百货的销售业绩实现了同比增长，总销售额超过了150亿元。在"双十一"期间，万达的40家百货销售净额增长了36%，日均客流量提高了15%。仅在"双十一"当天，万达国内销售净额就达到107%的增幅，而客流量也增长了48%，达到了爆发水平，另外还有13家门店的销售净额增幅超过了50%。这证明万达之前关闭部分门店是在给自己甩掉包袱，凸显了轻资产化的优势。

万达百货在轻资产项目中的辉煌业绩基于成功的商业管理，从人员构成上看，万达百货的很多加盟人员来自银泰这样的百货强企，证明了万达商管在人力资源运用上的成功，而销售策略、客户策略和市场目标的达成，也得益于商管团队幕后的推动和支持。正是看到了加强商管职能而产生的突出效果，王健林才增强了回归百货市场的信心，也坚定了进行轻资产项目的转型战略。为此，万达会以成立商管集团为开端，将经营和管理优势拓展到新业务领域，推动万达进入高速发展阶段。

# 5. 从强强联合看万达的合作管理

万达想要在转型的道路上走得更远，单凭自身实力是远远不够的，需要强强联合，借助其他企业的资源和渠道优势加快转型的进程。2015年，万达和万科签署了战略合作框架协议，准备在有共同意向的房地产项目领域进行合作。对于这次强强联手，很多人早就有所预料，因为万科在2014年的年报当中就指出：房地产行业精英进入了白银时代，无法和黄金时代的收益相比，为了让万科有持续的利润增长并为下一个十年计划做好准备，万科需要在十年之内完成新业务的探索和布局，为自己找到最合适的商业模式。在万科的年报中明确提出，要在2015年到2017年找到新业务的商业模式。

在万科为自己筹划未来的同时，万达的商业地产服务集团也在年报中分析称，万达将在下个十年计划中继续在创新产品和服务提升一级市场占有等方面提升竞争优势，万达也认为在白银时代依然有利可图，并为了争取利润不断开辟新的市场，获得新的赢利渠道，进一步提升竞争优势。

从万科和万达两家的企业年报中不难发现，双方都认清了现实并且在努力寻找新的商业出口，那么最稳妥的办法就是寻找有力的合作伙伴。虽然万达和万科的商业模式和服务领域有很大差异，但这并不影响它们建立战略同盟关系。

既然建立了战略合作关系，万达在对外合作管理上就增加了工作内容：必须弄清与万科的合作关系，而双方合作的基础就是企业的差异化而非同质化。

万科和万达的根本区别是什么？从企业收入结构来看，万达和万科都是以物业销售为主营业务，收入都达到了85%以上，万科的房地产销售收入超过了98%。另外从主营收入来看，万科主要分布在广深区域、上海区域、北京区域和成都区域，这几个区域的结算面积占比基本一致，然而主营业务收入的四个区域收入相比存在较大差异，其中广深区域占比为31.22%，上海区域占比为27.47%，北京区域占比为24.86%，成都区域占比为16.45%。从净利润来看，万科在北京区域和成都区域的获利能力不强，反而在广深区域和上海区域能力不差。

反观万达，主营业务是物业销售、投资物业租赁和物业管理、酒店经营等，在物业销售方面，万达的销售收入占比达到了85.10%，相比之下，物业销售EBIT（息税前利润）只有58.28%。另外形成反差的是，万达的投资物业租赁和物业管理业务的销售收入占比只有少得可怜的9.6%，还不如EBIT的占比。从这些数据对比来看，万达的优势资源是物业租赁和物业管理高盈利，这是万科所不具备的优势。另外，万达和万科相比还有一个不同点：万达是从大连发端走向全国，万科是从深圳发端走向全国，它们都拥有和政府打交道的经验和人脉资源，这是万科在广深区域销售净利润较高的关键原因。这样一来，万达和万科就形成了强强联合的资源互补优势。万达在合作管理上加强了四个方面的内容。

第一，客户资源合作。万达和万科都具有很强的营销推广能力，都掌控着数量可观的客户数据库，在建立合作关系之后，万达势必要和万科置换各自的数据库，从而增强在数据管理方面的优势，将双方的资源积累推进到最大限度，还能够从纵横两个角度挖掘客户信息，让双方都有获利的新渠道。

第二，竞拍土地合作。万达和万科在各自的业务领域中，都有一定的地方性政府资源做后盾，这涉及了政府关系管理问题。万科多年积累的经验和人脉，能够帮助万达扩大这方面的优势，甚至是对已有的一些漏洞和不足进行必要的补充，促进万达在未来的拿地环节中少走弯路。毕竟土地是房地产企业必须投入的资源，谁占据土地储备的能力强，谁就在市场上占有主动权和竞争优势。

第三，房地产开发合作。万达和万科在这方面可以说各有所长。万科一直主做中小户型的开发，尤其是144平方米以下满足刚需的户型具有很强的市场竞争力。现在房地产开发需要一整套相关配置资源，比如学校、医院和购物中心等。相比之下，万达的优势集中在购物中心这些较大的商业地产中，拥有丰富的广场管理经验，如果将万达的广场管理经验和万科的民用住房管理经验联合到一起，那么双方在未来的楼盘竞争中就有了更强的优势。

第四，互联网合作。互联网在一定程度上影响了房地产行业的走向，万科和万达要想在竞争中保持优势，不被新生代的互联网公司所取代，就必须联手开发出更新的商业模式，因此，在这个领域的合作对双方而言都是探索性的和创新性的，也涉及了万科和万达各自企业转型管理的能力，谁最了解自己，谁最能有效地调整自己，谁就能成为走出行业困境和迷局的先行者。

　　万达与万科的战略合作，本质上考验着万达的合作管理能力，虽然双方有着共同的发展诉求，但在业务范围上仍然存在着交集，不排除利益冲突的情况。因此，这种合作关系能否维持长久，既和未来的市场大环境有关，也会受制于双方的协调管控能力。相信万达为了完成企业转型战略，会继续强化这种来之不易的同盟关系。

# 6. 轻资产化增强市场生存力

随着经营环境的变化，一个企业需要在不同发展时期依靠不同的资产模式，这既是出于市场竞争的考虑，也是基于未来发展战略的预先调整。一般来说，一个企业涉足的商业项目越广，就越难以依靠同一种资产模式生存，需要审时度势进行调整，这依赖于企业的商业资产模式管理能力。

现在，万达已经确立了资产模式转型的方向，因此，商业资产模式管理是促进这次转型的关键，是推动万达从重资产转向轻资产的拐点。所谓重资产模式，主要是指万达的城市综合体，此种模式是建立一个大型的万达广场并配备写字楼、商铺住宅等，销售配套物业，通过销售产生的现金流而投资持有。由于中国缺乏支持长期不动产投资的金融产品，因此，万达唯有凭借出售的商业模式去维系租用的方式，万达广场建成后自留经营权，租金收益归万达所有。

相对而言，轻资产模式是别人投资建设万达广场，万达负责选址、规划以及建造和后期管理，还包括使用万达广场品牌和万达的慧云商业管理系统，产生的租金收益由万达和投资方根据比例分成的一种全新模式。

现在，万达对资产模式管理进行了调整，新的发展方向为轻资产，在2016年，万达计划开业的50个万达广场中，超过20个属于轻资产，而在2017年，万达将保持每年开业50个万达广场的速度，其中轻资产将占到40个。为此有人大胆预测，在未来五年之后，万达广场将彻底舍掉重资产项目，万达商业地产会走上一条"去房地产化"的路线，转而变身为商业投资服务企业，全盘轻资产化。

万达的资产模式调整，并非因为重资产发展状况恶化，也不是发展空间受限，而是基于远期战略的需要采取的转变。

第一个需要，增强竞争优势。

如今万达广场的兴建速度在全世界范围内名列前茅，即使万达"不思进取"也可以自我满足，因为单靠租金就能获得相当稳定的收益。然而，万达在对中国市场进行分析之后，认为14亿的人口会持续产生更多的消费需求，只有扩大竞争优势才能占据更多的市场份额。这样一来，被房地产周期限制的重资产模式就暴露出明显的短板：消费旺季时房子卖得快、卖得多，现金回流速度可观；消费淡季时现金回流速度会明显下降，加之房地产受到品牌营销和市场价格等因素的制约，未来的发展只会越来越艰难，想要扩大生产规模，只能走轻资产化这一条路。

第二个需要，向三、四线城市挺进。

长期以来，万达并没有将商业地产的开发重点放在一、二线城市，这是因为会受到不动产业的特点的限制，不动产最重要的指标不是房价和单平方米租金的问题，而是租金回报率，每年收取的租金要在去掉税费后才能得出。从这个角度来看，一、二线城市的租金回报远不如三、四线城市，因为地价昂贵，所以投资更高。由于重资产依赖房价，因此只有销售利润高才有投资的价值。万达的商业资产模式管理的核心是，要尽量抛开地价这些难以调和的客观因素，尽可能将主动权掌握在自己手中，这样一来，轻资产由于单纯是投资而不依赖销售，所以和房价、地价等因素无关，只要人口足够多，租金回报率符合一定要求，就可以大胆地挺进三、四线城市。

另外，三、四线城市不利于发展不动产，因为很多企业不敢轻易进入，招商存在严重困难。轻资产反而可以利用万达既有的丰富的商业资源。而且，三、四线城市地价相对低廉，万达现在进入还能选择良好地段，在这一点上有赖于万达的数据管理，它精确地计算出了四五十万人口的城市可以承载大型万达广场的公式，而且三、四线城市的消费者黏性更高，比如在廊坊，市区人口只有40万，客流量却达到了每天5万人次，相当于1/8的廊坊人每天都去万达广场，收入非常稳定，经营状况良好。

商业资产模式管理的精髓在于能够站在一定的高度去俯瞰市场，而不是被市场牵着鼻子走。万达通过数据调查和实践心得，敏锐地意识到国内商业地产投资正在进入失衡期：过度集中在一、二线城市，局部地带饱和，而三、四线城市却缺乏投资资源。根据万达的数据统计显示，70%以上的增长是三、四线城市贡献的，虽然客户单价不高，然而在人口基数和客户黏性作为保底的前提下，比一、二线城市更易形成以万达广场为核心的商圈，开发前景一片大好。

第三个需要，边际效益。

轻资产能够加快万达的发展速度，纵观全球不动产的发展状况，不动产的发展和城市化是紧密结合的，通常一个国家的城市化进入关键时期只需要二三十年，当城市化结束后就失去了大的发展时机。万达现在赶上了中国城市化快速推进的良机，所以从商业资产模式的角度来看，只有及时调整和转型才能抓住这一机会。而且，轻资产的快速发展能够产生边际效应。比如，万达的宝贝王项目，是国内第一个综合性的儿童娱乐项目，将儿童游乐、餐饮和教育融为一体，是一种全新的儿童业态，能够弥补万达广场的年龄断层，进一步拉动客流量，将带来十分可观的衍生回报。

商业资产模式管理并非只是懂得如何调整和转变，更在于它能确保转型进程的顺利推进，否则会产生极大的负面影响，甚至不如转型之前。万达既然已经朝着轻资产化的方向发展，自然加强了转型的辅助手段。

第一个手段，万达构建了轻资产标准模块。在过去重资产的商业模式下，万达的管理理念是注重利润，而轻资产模式的考核目标要进行调整，不能以房价、地价作为衡量的标尺，要着重考量租金和成本。万达根据自身发展不动产的二十几年的经验，在成本控制上不断加强，拿出一年的时间建立四个不同版本的轻资产成本标准，比如，南方和北方、地质条件好和地质条件差等区分标准，目的是科学合理地推进轻资产化。

万达广场过去发展依靠的是发展部门和商业地产研究部，如今轻资产项目不再依靠它们之间的博弈，而是更多考量租金等因素，并要求商业地产研究部建立完整系统的全国各地租金测算模型，如果两个部门测算差异不大说明没有问题，如果差异大就要重新测算，这都是标准模块管理的创新举措，确保了轻资产化的执行速度和可靠性。

第二个手段，加强工程管理。商业资产模式的管理要在工程管理的协助下进行，过去万达的工程管理耗时很长，要经过招标、预算、决算等复杂环节，现在万达推出了"交钥匙工程"，成为国内工程管理的重大创新。万达与长期合作的中建系统四家公司制定出不同地区四个版本的万达广场工程造价标准，万达只负责监督工程质量，省去了招分包单位的麻烦，将投资、建设和管理彻底分开，全面推行专业化的分工机制，降低了成本、提升了效率，实现了多方共赢。

第三个手段，商业管理的信息化。随着市场发展速度的加快，万达的工程管理工作变少，然而商业管理的工作增多，如今一年开业二十多家万达广场，商业管理能否保障万达继续走下去成为轻资产化的关键。为此，万达推行高度的信息化管理，2013年试行了慧云商业管理系统，2014年正式推行到全国。这套系统能够将万达广场的消防管理、机电管理以及节能管理等十六个子系统整合到一个智能平台上，通过计算机就能控制，而在过去只能通过分散管理的模式，需要几十个人操作，现在只需要一个控制室。

慧云系统确保了万达商业管理的安全性和可靠性，能够及时发现问题，查漏补缺。比如，万达广场的餐饮业比较发达，存在火灾隐患，所以万达和国家消防部联合开发了厨房自动灭火系统，可以自主感知厨房温度，当厨房温度超过警戒值之后就会切断燃气，开启灭火系统，有效地防止了火灾发生。

第四个手段，打通轻资产融资管道。轻资产化的资金从何处来，是万达迫切需要解决的难题，目前的解决途径一个是通过基金、保险等机构的投资者来获得，另一个是建立内部融资通道。到目前为止，万达已经成立了电子商务公司，收购了快钱支付公司，策划推出了新型的理财产品，通过众筹的方式帮助万达进行轻资产融资，不再依靠外部的投资者，从而获得了稳定的资金输送来源。

万达从重资产向轻资产转移，是商业资产模式管理的理性抉择，而非被迫性的改变，是万达在长期积累的管理经验的基础上采取的循序渐进的转型方式，将促使万达在商业模块管理、信息化管理等多方面的体系更完善和能力得到提高，对万达的未来发展起到助推作用。

# 7. 强化营销管理优势，提升竞争力

营销管理是企业管理中重要的环节之一，企业要想在市场竞争中占据有利地位，必须有成功的营销管理模式，随着企业的不断发展，其营销管理理念也会不断完善，新的理论会有机补充旧的理论。营销理论涵盖的内容十分广泛，只有找出其中的关键点才能取得事半功倍的效果，只有独辟蹊径才能弥补企业在市场竞争中的不足，以不变应万变的策略才是营销管理理论的核心。

万达能够在中国各大城市立足二十多年，每一次开发商业版图都能获得胜利，全在于它的营销管理优势能够打破"强龙不压地头蛇"的定律，成为每个城市的新城市中心的缔造者。总体来看，万达主要依靠以下八种手段强化营销管理优势。

第一，创建订单地产模式，引领商业新模式。

万达的营销管理在于抓住关键点，过去落后的生产方式是先生产再找买家，现在是先找买家再去生产，这是一种以订单为核心的营销管理方式，也被万达运用在商业地产开发中，能够根据不同业态的变化进行调整，也可以进行分类定制。以订单生产为核心的优势是发挥职业经理人的能动性，能够充分开发各个商业店家的物业需求，保证对步行街商家人气的支持。

第二，精心设计规划，增强商业经营需求。

万达除了抓住营销管理的关键点之外，还擅长总结商业经验，比如，从地产开发过程中形成了独特的项目选址、规划设计以及订单招商等方式，专心研究商业地产运作模式的特点。

第三，利用商圈效应，扩大经营成果。

万达的营销管理是利用叠加效应达到利润的最大化，比如，万达将万达广场的满场开业作为营销的基本准则，避免让一部分商家先开业而经历独自培养和招徕客户的痛苦过程和风险，让每个入住的商户都能享受到优越的经营环境，将购物中心的规模化优势凸显出来，利用商圈效应赢得市场份额。

商圈效应的宗旨是让每个入住万达的商户都能齐头并进地发展，将自身的竞争优势最大化。只有万达广场形成品牌效应，才有利于万达集团在全国范围内的飞速发展，从而为国内外连锁知名品牌的发展创造更多的机会，帮助一部分区域性的知名品牌走向全国，为它们提供和谐共生的成长平台。

第四，采取科学化的配置，保障业态稳定。

万达营销管理的核心是创新，但创新的前提是稳定，风险过大、不可预知性过强，都会动摇营销管理的基础。万达对万达广场的管理采用科学合理的配置和规划，在客户需求增长时适当提高主力店和餐饮娱乐业态的占比，通过发挥它们各自的人气优势来提升万达广场整体的营销能力，保证营销的可持续性和稳定性，确保其他商户的共同发展和业绩增长，形成健康良好的商业成长群落。

第五，坚持营销的同一性，凸显差异化优势。

营销管理的最终目的是提高企业的营销优势，而这个优势只有通过整体才能体现出来，万达广场以整体经营作为目标，凭借系列营销推广活动，增强了商户之间的营销联动关系，促进了业态内的紧密联系性，保证了大型购物中心业态和功能多样化的群体效应。同时，万达能够站在一定高度看问题，为广大商户培育良好的经营环境，利用万达的品牌覆盖优势，将万达广场的商业群落有机整合在一处，在维护好与社会各界公共关系的前提下，帮助商户尤其是跨区域发展的商户解决实际困难，增强商户和万达的黏合度。

第六，推行专业化手段，保证营销效果。

营销管理无论产生多少创新因素，都需要专业化的团队和专业化的操作手段来保证。为此，万达建立了万达商业管理公司，成为国内最大的全国连锁商业经营管理企业，占据了优势商业资源，掌控着出众的运营管理能力，是万达成为商业地产大鳄的重要支撑性因素之一。目前，万达商业管理公司拥有超过万人的庞大队伍，包含了商业中心经营、商业物业管理、机电设备维护等多方面的专业精英。

第七，完善系统，彰显资源优势。

营销管理讲究以巧制胜和以精制胜，万达不断丰富自身的资源系统，为与它产生商业关联的企业和商户创造共同发展的机会。比如，万达商业管理公司已经和很多国内外的一流品牌商家确立了战略合作关系，既有战略联盟商家也有储备商家，确保在遭遇任何市场突变时都能依靠灵活性和先验性适应市场。

第八，采取科学管理，维系经营秩序。

万达商业管理公司树立的观念是"让商家赚钱"，确立了以"安全、服务、品质"为中心的经营策略，对招商管理、经营战略和对外形象都进行统一规划和管理，从而确保万达的商业中心地位和旺场经营策略。

营销管理是需要长期积累的过程，而企业运行的核心是营销，营销的核心是管理，因此，营销管理是企业最需要进行量身定制的管理模块。只有在充分熟知和掌握营销核心特点的基础上，才能建立起行之有效的营销管理模式，才能做到了解市场、掌握市场。营销管理和其他管理的最大区别是时效性极强，会随着市场不断变化而发生偏移，所以企业一定要时刻关注市场动向，站在企业的角度去判断这一变化的方向，从而及时抓住有利时机，避免被消极因素干扰。

长期以来，万达影院阵地广告被认为是片方专属的发布电影预告阵地的广告手段，其实这正是万达营销管理极为得当的体现，和万达电影广告相比，万达影院阵地广告有着明显的营销优势。比如，万达通过包装主题影院拉动客流量，通过架设展台和展示产品去打动影院内的受众群体，让受众群体在身心放松的状态中，愿意参与到各种品牌产品的体验活动中，而且，这会和万达银幕矩阵广告形成线上线下的组合优势，从而打造出了效率最高的互动体验营销平台。另外，这种广告形式更加便宜且更具有吸人眼球的优势。

万达的营销管理是从细节出发，万达凭借大数据管理分析发现，万达影院的观众中有将近70%的人在放映前24分钟到场，停留时间为15~20分钟，万达可以利用这段时间充分进行线下营销，且不会给观众造成困扰。而且，万达影院多位于高级商圈中，产品销售终端便于展开联动营销，产生规模化营销的优势，拉动万达广场整体营销业绩的增长。

万达在推动中国城市化的进程中发挥了重要的作用，运用得当的营销管理策略，发展了自身也繁荣了每一座城市，这就是以优势赢得业绩的良性循环的现实体现。

第八章

# 企业文化是管理的制胜之道

> 企业不只是为了盈利而存在，如果将攫取财富当成
> 唯一的目标，那么当大笔的财富到手之后很容易失去奋
> 斗的动力。

# 1. 推行"三管"政策协调母、子公司关系

　　随着万达在国内各地区推进速度的加快，集团的组织架构体系变得越来越庞大，这种"枝繁叶茂"也给万达的管理增加了难度：从集团母公司到区域子公司，分支系统众多，团队成员复杂，给决策层、管理层、执行层之间的沟通带来了障碍。因此，如何管理子公司与母公司之间的从属关系，将决定着万达指令输出和全局管理的效果。

　　万达是科技部命名的中国重点高新技术企业，万达的企业发展史可以用"劳务打基础、工业增后劲、科技促腾飞、品牌创优势"四个短句来概括，成功实现了从劳务型向工业型转变的企业升级过程。在万达的企业管理模块中，集团母公司肩负着调整结构和升级产业等大战略任务，随着企业规模的扩大，万达实施了多项改革措施强化母公司和子公司的管控关系，形成了具有万达特色的管理模式。经过一年多的实践检验，证实了这种管理模式的可操作性。

　　万达集团本身具有很强的整体协作能力和规模经济效益，为了避免较高的管理成本，减少较低的执行效率，万达既要保证企业规模扩大还

要保证政策的灵活，因此从人事、审计、战略、财务、信息等多方面进行管理策略的调整，从而实现万达的飞速发展。

万达对管理策略的调整，体现在以集分权管理机制为核心的"三管"政策上，所谓"三管"，包含了管战略、管人事和管财务三个方面，目的是理顺万达集团的母公司和子公司之间的管控地位，内容包括：财务方面推行的人员一体化，内部银行统一资金控制，人事方面推行的干部管理机制和绩效管理体系，战略方面推行了对子公司重点业务的战略分析管理。"三管"政策帮助万达集团在占有合理资源配置的前提下，对子公司的经营层的考核工作。在"三管"中，万达尤为看重战略指导下的绩效目标管理，因为这是万达集团的指挥令牌，只要掌控这个核心点就能妥善解决其他过程性问题。

集分权体制下的"三管"模式的有效运行，提高了集团母公司的管理效率，优化了子公司的运营环境，助推了万达的可持续发展和战略目标的完成，更重要的是，万达的企业管理思路已经和国际接轨，逐步确立了符合现代企业特征的集团管理机制。

万达在集团管理策略上的先验性和进步性，超过了同时代的很多企业，从公司初创到现在，万达在不同的企业发展时期推行了不同的管理策略。

1994年，当时的中国企业很少实行股份制，万达却意识到了股份制的益处，大刀阔斧地进行了股份制改革，把股份分给创业的干部和员工，妥善解决了很多中国民营企业发展中遇到的产权问题。

1995年，东营市的万达分公司第一个签订了集体劳动合同，保护了广大员工的利益，增强了企业的凝聚力和向心力。随后不久，万达又实行了领导班子的亲属回避制度。

1996年，万达抢先在国家工商总局注册了"万达"字号，随后又注册了"中国万达""中国万达集团"等互联网域名，推动了企业的国际化业务发展。

2003年，万达聘请新加坡华新世纪企业管理研究院对公司进行了系统的策划，同时让专家协助万达对公司进行全方位的"诊断"，并在企业战略目标管理、产业管理和产品管理等方面锁定了战略方向，确立了需要长期坚持的战略措施。

2005年，万达进行了管理体制改革，把之前的27个子公司调整为6个专业化公司，开启了现代企业制度改革的先河。

根据现代企业理论，集团公司和现代公司的管理体制通常被划分为三种类型：第一种是直线职能制度，第二种是控股公司制度，第三种是事业部制度。万达从自身实际情况出发，果断选用了控股公司制度。与其他两种管理体制相比，控股公司制度显得有些扁平化和分散化，是一种基本上不依靠集中管控进行管理的组织架构形式。

从目前的情况来看，万达集团下辖6个专业化公司，集团母公司凭借总部的地位对这几个专业化公司进行控股并承担相应责任，却还要避免对成员企业造成侵害自主权的行为，导致双方陷入一种关系微妙、矛盾纠结的状态中。另外，控股公司制度也让集团母公司抽不出更多的时间和精力去协调成员企业的日常运营工作，也得不到相应的信息评价，很难做好统一管理和集中控制，无法将有价值的资源按需分配给其他成员企业，由此暴露出了很多弊端。

经过一段时间的观察，万达终于意识到了控股公司制度的某些弊病，于是立即进行调整，从其他两种管理体制中汲取了长处，旨在增强集团母公司对子公司的整合管理能力，完善并补充控股公司管理体制。

为此，万达实施了三项举措。

第一，万达利用了直线职能制度的一条管理权限，即根据职能部门对生产单位的运营和业绩进行监督和评价，将这一权限赋予万达的集团母公司，加强了对子公司的监控管理；第二，万达借鉴了事业部制度中的"分权机制"，让集团母公司按照产品的性质、市场特点、顾客类别成立6个专业化公司，让每一个公司专门负责某一种产品和某一块市场的开发、采购和生产等活动，提高专业化公司的经营自主权，帮助集团母公司获得利润；第三，万达规避了常见于直线职能制度中高层管理身陷烦琐事务的情况，保证管理层有足够的时间和精力做好企业战略规划，避免事业部制度中常见的本位主义等问题，优化了企业管理流程，构建了具备现代化特点的企业管理模块。

万达坚持贯彻科学发展观，走新型的工业化道路，为了实践企业转型和走向国际的宏伟战略，不断总结管理经验，努力提升管理水平，修炼内功，降本增效，深挖企业潜力，凸显核心市场竞争力，创造了一系列管理水平强、创新能力强、赢利能力强的优秀管理成果，不仅给同类企业提供了可参考借鉴的范本，更激励了其他企业通过加强管理策略来提升企业发展质量的决心。

## 2. 集分权管理模式凝聚向心力

　　创新是一个民族进步的灵魂，也是一个企业发展的动力，只有懂得创新的企业才能在瞬息万变的市场环境下生存。万达集团成立十几年以来，从来没有停止过创新，万达在产、学、研投入方面花费了巨大的资金和精力，不断提高产品的科技含量，通过超前决策逐步建立起与国际接轨的现代企业制度。万达发扬了"拿来主义"的精神并进行了改良，将其中有益的内容升华，确保其符合中国企业的特色。

　　万达的"三管"政策的核心是突出重点，在企业规模扩大以后，万达从一家地方公司发展到业务覆盖全国的大型房地产企业，其在管理体系中不断注入新鲜元素，持续进行管理思维的创新。通常来说，企业管理主要围绕着人、钱、物品和信息，万达分别对这四项工作采取了不同的管理策略。

　　在人事管理上，区域公司中层副职以上的干部由集团公司董事会任命，经过整合之后让各个专业化公司有相应的自主任命权，中层正、副职干部由专业化公司总经理推荐，经过专业化公司董事会决策之后交给专业化公司人力资源主管，由其上报集团的人力资源部门进行备案。

在财务管理上，从过去的即报即销机制转变为全面预算管理，集团董事局每个月都会对专业化公司上报的全面预算进行审核，在预算范围内，专业化公司享有很大权力，减少了层层报批的环节，从而提高了工作效率。在过去，集团公司每天都要签批很多区域公司上报的报表和账单，每天耗时超过四个小时，明显不能适应企业的发展需求，违背了市场经济的自然规律，让很多集团的高层管理者无法进行实际工作的管理，而经过整合之后明显提升了管理效率。

在物品管理上，采用了各专业化公司独立采购专需物资的措施，赋予专业化公司很大的权力，而集团公司则发挥审计部门的优势，对物品的采购和使用进行审查，坚持事前和事后全面审计的工作方法，确保物品的整体情况处于可控的状态中。

在信息管理上，凭借加强财务公司监督控制的方法，充分了解公司的最新情况，包括很多需要细化的数据并进行有针对性的经济决策。当实现了对物品和信息的管理之后，万达才能进一步调整管理模式，通过信息化管理提高执行效率。

以上四项工作是万达集分权管理的主要内容，除此之外，万达还需要站在全局的角度进行管理，也就是战略管理，因为无论是人力资源管理还是资金管理，其大方向都要瞄准企业的战略发展方向，战略管理出现重大失误，其他管理工作很难取得成效。因此，对那些从事市场化运作的企业来说，只要强化细节就能影响企业发展的格局和结果，而对于像万达这样的集团公司来说，市场化运作需要清晰的战略思维，这才是决定企业发展的关键，只有明确企业的发展战略，才能优化工作细节。

集团企业通过母公司对子公司采取直接手段管理的状况已经随着时

代的发展产生了变化，现在的趋势是朝着战略管理的方向转变，放弃了对非重点工作的管控，呈现出一种全局性的、组织性的方向迁移特点。如果想让集团母公司的管理运行机制变得更加灵活，需要集团母公司减少经营负债，增强在管控上的力度，同时让子公司具有更强的向心力和自主性，发挥其优势，让子公司及时作出适应市场环境变化的战略调整，凸显竞争优势。万达集团只有依靠战略管理模式，才能站在足够高的战略角度考量信息系统的规划，进而掌控企业未来发展前景，最终形成"管人""管物""管战略"的"三管"状态，具备更强的协调能力和管控能力。

只有完善机制才能构建出更灵活的集分权管理机制，这是万达协调集团母公司和区域子公司关系的重点。有效地分权符合现代企业发展的客观规律，更是现代企业从旧有的管理体制走向全新管理体制的标志。正如专业人士所说：有效的分权是最好的集权。从这个意义上讲，无论是现代企业的哪一种组织架构都需要进行集分权，然而无论怎样划分权力，对于企业的集团母公司而言，都要有最基本的目标，那就是充分实现集团资源的整合并提升管理效率。

从时代发展的趋势来看，集分权管理是一个企业从小公司发展到集团大公司的必然，也是一个企业构建现代企业机制、提升项目管理能力的准则，只有做到这一点才能真正促进企业的发展。从划分权力的角度来看，企业组织规模越扩大，组织活动越分散，越有利于培养管理人才的后备队伍。对于一个企业来说，调整组织机构中的权力分配问题和管理人员的授权问题，特别是涉及产权分配的合理化，对分权的推动都有着重要作用，其能够决定岗位权力是否得到充分运用。

企业的分权程度并非单纯指形式上的职能、行业的划分，也不是众多分支部门的管理梯次问题，而是能否将命令保留或传达的问题。当发布命令和维护政策获得一致性要求之后，才能为企业的集权管理树立一个明确的目标，而实现这个目标势必要通过企业的管理手段来保持和推进。

万达是一个多元化经营的集团企业，它所开发的业务方向互相关联，不过这种关联保持在既不疏远又不紧密的状态中。万达集团旗下的6个专业化公司，分别负责不同的产品经营，而对万达集团的决策层来说，最现实的管理模式就是推行集分权管理，在现有的"三管"策略的促动下，挑选出优秀的管理者操作集分权体制，和"三管"策略中涉及的人力资源管理有机地联系在一起，组成有效的管控模式。

万达集团的集分权管理特点在于，制定了比较合乎人性的母公司和子公司的绩效考核体系，用规矩来说话，用数字来证明，用理性来分析，否定了过去依靠感觉和经验的传统管理模式，避免了因为指标过低造成的执行效率下降等现象。

万达通过薪酬绩效考核委员会和预算管理委员会的同步管理，加强了对子公司管理层的考核要求，形成了完整的科学指标体系和奖励机制，推动了子公司管理者换位思考，真正站在了子公司的角度去看待问题、分析问题和解决问题，从而理解考核体系的重要性并最终提高企业战略目标的执行力。

万达依靠集分权管理模式，充分化解了母公司和子公司之间的信任危机。毕竟母公司和子公司有着不同的功能定位，在管理机制中扮演的角色也不同，难免发生信息不对称的情况。为了能够互相理解，万达借助企业文化的作用，把母公司和子公司紧紧地团结在一起，培养双方的团队默契感。在母公司推行轮岗制和换岗制，定期调换人员，避免尸位素餐的情况发生，消除子公司对母公司的偏见，也减少了母公司对子公司的误解，让双方在解决问题时秉持科学和理性的态度，继而提升万达的企业决策执行力，让集权变得容易，让放权变得安心。

此外，万达还完成了在集分权体制下的信息沟通态势。万达在推行信息电子化交流时，会有意增进员工之间的联络，会不定期召开集团高层——董事局、经理层的联席会议，通过正式或非正式的渠道广开言路，听取意见，营造了信息对称的良性氛围，让各个专业化公司能够理解集团母公司的指标设定，并让子公司和母公司共同分享经验，增强万达的专业化公司和其他成员企业的了解和合作深度。

集分权管理模式保持了原则性和灵活性的统一，提高了万达转型升级的速度和集团内部的管理能力，为万达中长期的目标管理起到了指引方向的作用，最终完善并巩固了企业管理体制的基础。

# 3. 划分权责，集成人力资源优势

　　企业的管理离不开科学的人事任用机制，对于很多民营企业来说，过分集中的集团公司总裁制度会导致管理权限的宽泛，造成人力资源管理职能的不对称甚至缺失，无法完善整个管理系统的结构和功能。为此，万达对集团公司的人事任用方面进行了利弊权衡，基于组织现状出发，在集团层面推行了适度分权的管理模式，对那些核心岗位和关键职务进行集团化管理，保证管控和分权依靠流程化和规则化的手段进行整合。

　　万达在干部管理上采取了集团统一的管理体系。随着全球经济一体化程度的不断加深以及市场的飞速变化，企业很难准确预估市场变化的趋势，如何在第一时间作出反馈，已经成为代替成本控制和质量控制的首要因素，也是最能体现一个企业竞争力的重要标志。万达为了提高企业管理效率和执行力效率，加强扁平化管理模式的优势，通过将管理层和决策层相结合的方式，明确规定各专业化公司董事长由集团公司董事局董事兼任，各专业化公司总经理由集团公司副总裁或者总裁助理兼任，建立起一套高层管理模式。

同时，万达规定集团公司可以委派人力资源主管、财务主管以及审计专员对专业化公司进行人力、财务和物品的管理，构建管理层和管理专员接受集团公司职能部门直接管理的方式，本着对集团公司负责的态度，将提名权交给集团各相关部门，子公司享有建议权，人事的任免权则交给董事局。

以万达的财务岗位为例，由于推行了集权为主、分权为辅的管控方式，只能在集团公司总部设立财务总监，而各个子公司不能设立财务总监。这种管控模式能够减少甚至避免管理层级过多、职能机构压缩以及裁汰中层管理者的一些弊端，加快了政令传输的速度，增强了执行力，促进了企业对市场的感知能力和反馈速度。

万达对子公司的人事管理，采取了子公司董事会授权总经理负责对子公司副总经理和相关人员考核的机制，总经理享有对中层副职及以下人员的任免权，同时有对中层正职及以上管理者的任免建议权。不过，万达的子公司总经理、中层正职以及以上干部的任免权还是交由万达集团公司的董事局负责，集团董事局对子公司经营层和董事会成员的考核结果有最终确认的权利。

为了将干部管理机制效能提升到最大限度，万达推行了四个体制，以此巩固人事管理原则。

第一，推行干部等级的管理体制。万达各个管理层的骨干力量，需要通过个人能力和相关业绩、工作态度等考核指标，加上集团董事局经理层联席会议的评议结果，最终确定他们在集团对应的干部等级，从而被划归到集团干部管理、培训以及配置的一系列培养计划中。

第二，推行亲属回避制度。万达明确规定，凡是直系亲属都不能在相同的独立核算单位任职，如果是旁系亲属则不能在相同的独立核算单位内出任一些敏感的职务，防止以权谋私和拉帮结伙，有效净化人力资源，确保用人制度的公平性。

第三，实行干部轮换制度。万达规定子公司中层副职以上干部都要参与到万达集团的轮换计划当中，不得违抗，子公司副总经理以下在原则上要在子公司的内部进行岗位轮换，避免长期占据某个岗位而坐拥相关资源，形成山头主义和帮派主义。

第四，实行干部任期制和竞聘上岗制。万达规定干部岗位的正职任期是两年，而副职任期只有一年，当任期结束后，只有通过相关考核和评议才能续聘，而其他的干部则按照集团公司规定的竞聘上岗制度，在竞聘中落选的将交给原部门负责安排工作或者调职。

万达通过推行四大人事制度，循序渐进地建立起了能上能下、能进能出的人事管理机制，避免了任人唯亲的情况，不以出身论英雄而是以业绩论英雄，用干部在企业发展中作出的贡献和个人成长中的表现作为评定标准，构建出良好、和谐、平等的干部选用机制。另外，万达立足为员工实现自我价值提供自由度较高的平台，通过良性竞争的方式构建追求效率和创新意识的人才管理机制，为广大杰出的骨干分子提供能够充分展示自我的舞台。

万达曾经在2005年凭借竞争上岗和产业整合，将公司后勤人员分流200多人，削减中层副职以上的干部将近30人，给了一批有才华、有理想、有冲劲的人才鲤鱼跃龙门的机会，让更多知识丰富、思路超群的骨干分子进入万达的中高层和相关技术岗位，将"贤者居上，智者居侧，能者居前"的人员选拔制度的优势发挥到极致，为万达的长远发展提供了丰富的人力资源。

万达在制度建设和管理层面，推行了由集团公司掌握人力资源管理制度的政策，给予了万达高层相应的集权。在子公司层面，只能在规定范围内对万达集团的人力资源管理制度进行微小的调整，而且需要经过集团公司的人力资源部确认再通过集团公司总裁审批。子公司的薪酬和绩效考核方案及制度，也只有在集团资源部同意之后才能实施，不得自行其是，随意改动集团决策层的相关制度。同时，万达不断完善职工编制管理工作，由万达集团牵头，依靠严格控制子公司人员编制数量来控制人数，子公司享有在编制内的人员招聘权和任用权。

任何管理体制都要符合企业正常运行的轨道，单纯为了提升效率和扩大队伍规模而不考虑企业的承受能力，是缺乏责任感的管理思路。为此，万达通过强化预算管理避免招聘和任免工作中的资源浪费，由万达集团的人力资源部牵头，通过对集团母公司和子公司年度全面预算中招聘和培训的严格管控，促进人力资源集成优势的形成，以增强万达团队的全线战斗力。

# 4. 建立财务分权体系，规范内控模块

随着万达集团组织架构的升级和扩展，财务工作从内容和流程上变得越来越复杂，如何处理好集团母公司和子公司及专业化公司的财务关系，是万达企业财务管理工作中的难点。为了协调矛盾、提高效率、整合信息，万达将集分权管理模式也贯彻到财务管理工作中，从而解决单一集权制度不够灵活、单一分权制度资金分散的问题。

万达推行集分权财务控制模块管理，是以集权为主要手段、分权为辅助的综合管理策略，避免了资金成本过高、费用失控和利润分配混乱等弊病的出现。另外，万达在企业规模逐渐扩大的同时，不断调整自身的财务管理战略并完善管理机制，在设立集团财务部的同时成立了财务公司，让集团的财务从微观和宏观的双角度同步提升，使得企业的财务制度体系更加明确和规范，促进了集团财务管控工作的不断完善，推动了集团财务资源配置的合理优化。

万达依据《企业集团财务公司管理办法》等相关规定，在财务体制上处于内部结算中心向财务公司升级的阶段，从业务办理的角度来看，

更具有财务公司的某些特征，万达以此为着眼点，建立了集团财务部和财务公司双管齐下的财务管理模式。

万达推行的集权为主、分权为辅的财务管理机制，是为了强化集团总部的财务部的地位和职能，起到为集团财务系统控制财务工作的作用。万达成立集团财务部的同时还建立了财务公司，从组织架构来看，集团财务部直接对集团董事局的领导负责，通常由财务公司的总经理兼管并同样对董事局负责，而万达子公司的财务主管要受到集团财务部管理并对集团财务部和专业化公司的董事会负责。万达集团下辖的各个子公司的财务部都设立了财务部主管，管理预算会计、综合会计和稽核会计三个职务。

万达的集团财务部为集团董事局的政策进行信息支持，同时在集团范围内进行财务战略和政策实施的引导工作。相对地，万达的财务公司也是隶属于集团董事局领导并对其负责。在人员任用方面，董事局董事兼任财务公司董事长，而集团公司副总裁则出任总经理，下设财务总监和财务管理中心主管等职位，在业务上对万达集团总部和各个子公司控制现金收支及相关业务款项进行总结核算，分析万达集团公司的财务状况和相关的投融资等事宜。另外，万达的子公司财务部，必须按照万达集团公司的战略要求和财务政策维系自身利益，并在财务控制方面听从万达集团董事局的整体战略安排和策略调整，遵从万达的财务管理规则。

万达集团的财务部在集团公司主要负责全线预算管理、分散核算集团并账等工作内容，而万达的财务公司在业务上负责资金集中管理、筹资和信息服务等，增加对内部成员单位的财务情况的了解程度，熟悉金融机构的相关服务政策，从而优化、升级万达的产业结构，提升市场竞争力。

万达的财物公司在实际操作中，需要代表万达的母公司办理资金管理中的各项业务，其中包含资金结算、监督管理和信息反馈等工作内容。

资金结算：万达的子公司开设结算账户，同时将分散的众多银行账户进行统一管理，集成相关信息资源。监督管理：依靠结算资金对万达集团各成员公司的经济情况进行观察和预测，了解子公司的经济行为。信息反馈：利用观察现金流量变化的办法来掌握子公司的运营情况，总结财务管理经验，区分重点工作和非重点工作，参照一些财务问题的症结根源，协助万达的决策层进行信息整合和集中管理。

除此之外，万达的财务公司也需要对集团资金的流量和流向进行管控：一方面统一安排并整合资金，根据万达集团和子公司的实际发展情况进行合理分配；另一方面集中万达集团的财力，避免资金积压并激活沉淀资金，减少银行贷款和贷款利息，减少资金成本的浪费，严格控制资金的体外循环，提高资金周转的速度和利用效率。

总体来看，万达的集团财务部和财务公司在管理模块上有着相近的结构，却有着不同的侧重点：集团财务部注重抓全面工作，以纵向的角度对万达的财务管理到底；财务公司注重的是经营财务，以横向的角度对财务状况进行深入细致的管控。从集团的财务信息来看，集团财务部和财务公司在实际操作中拥有相对独立的业务板块，在人事设置上互有兼容，在一些核心的岗位上分工明确，避免权责交叉。两个机构虽然都是直接对集团董事局负责，然而各自的财务数据是独立分析的，由于受制于严格的审计数据的影响，集团财务部和财务公司都为董事局提供了财务分析和战略决策的信息资源，帮助万达集团高层全面了解集团的财务情况和运营状态，从而作出准确的分析和决策。

万达对财务集分权进行细致的管理，旨在对集团的财务管理模块进行必要的完善和补充。目前，万达集团公司享有融资权、投资权、资金调度权等多项权力，可以对其管辖的子公司统一管理，包括人事任用、财务制度以及财务考核指标等方面的工作，子公司只能在预算框架内享有资金使用权而无其他额外权力。

万达集团财务部负责监管6个专业化公司和其他子公司的财务部门，为了完善和协调这种管理模式，万达加强了四个方面的工作内容。

第一，确保在组织人员和管理制度上的统一。组织统一是指集团财务部管辖的财务部门是由万达集团统一领导和决定的，人员统一是指集团和控股子公司财务人员由集团进行扁平化管理。集团公司指派的各个子公司的财务部主管，需要参与子公司的管理工作，集团财务部要负责全体财务人员的管理，其中涉及人事档案和考核管理等内容，各子公司享有对财务人员的工作态度、工作能力和工作业绩等问题向集团财务部发表意见的权利。制度的统一，指的是集团公司的一切财务制度要由集团公司统一制定和监督。

第二，进行资金管理和统分结合。万达通过全面预算的管理体系对财务工作和财务系统进行掌控，以财务公司内部的控制体系为监控手段，以集团资金管理内部银行为载体，对资金收支进行集中管理，完成在集团预算框架下的资金管理分权。另外，集团公司需要通过投资计划和预算以及子公司上报的业务资金进行滚动预算，从而确保整个万达集团的资金得到平衡。

第三，进行分级核算。万达集团的各个子公司是经营主体，只能自负盈亏，而万达集团需要依据管理口径将每一个子公司划归到集团的主要核算体系当中。在集团层面，法人主体财务核算是一种辅助核算手段；在万达子公司内部，则是以法人主体财务核算为主要核算体系，其内部管理核算体系成为辅助核算体系。

第四，审计考核和规范扶持。万达集团凭借集团审计部门对子公司进行审计和监控，确保集团公司根据考核内容，规范子公司对应收账款和项目投资回收期的行为符合集团要求。万达的集团财务部会通过预算加强资金的管理力度，以事先预定好的成本定额或者目标作为主要监管的重点，通过规范各个子公司的比价采购、工程招标以及信用体系等工作内容，提升子公司的财务管理质量。

万达通过这种集分权财务管理模式，对集团总部重新定位：不再是一个普通的投资者，而是促进整个集团整合子公司、各专业化公司竞争力的助推器，甚至演变成集团战略规划的总设计师。经过集分权管理改革，万达的各个子公司不再是松散的，而是拥有共同目标和共同利益的有机整体，能够在万达集团产业发展的链条中相互依存，在集团高层的带动下完成战略协同。

万达通过集分权财务管控模式，将集团总部财务设定为集团公司的投资决策中心、信息交换中心以及资源分配管理中心，拥有完善财务管理体系、投融资及资金管理、会计核算等多项管理职能，每一个集团分部都演变为万达的成本费用中心、收入利润中心、制度执行中心、信息传递中心，建立了高效化、一体化、集中化的高级财务管理模块。

# 5. 强化战略管理，缔造现代企业运行机制

企业的战略管理不仅是为了明确企业的战略发展方向，也是为了区分企业内部各个组成系统之间的关系。万达战略管理的一个重要意义就是为了清晰划分母公司和子公司的管理权限，从而明确母公司和子公司的战略管理责任，通过程序化、制度化的管理机制进行监督并评判战略实施的效果，帮助整个万达集团做好协调性强、资源分配合理的战略管理责任机制，让万达的企业价值最大化。

一般来说，企业的战略管理包含企业战略的制定、业务战略的制定和职能战略的制定等内容，万达对战略管理采用了集权方式，将战略管理权集中在集团母公司。万达通过强化战略管理的方式，对集团下辖的各个专业化公司、子公司进行统一的战略统筹规划，充分发挥集团公司的战略管理核心和主导管控的作用。

万达在集团董事局层面建立了战略管理委员会，主要是负责集团战略研究、集团战略评估等管理工作，在集团总部通过成立战略发展部把战略管理划归到日常企业管理工作的范畴之内，依靠战略管理委员会和

集团总裁的指导，对企业战略工作不间断地进行管理督导。在下辖的子公司则没有相关的战略管理机构，其战略管理职能一并交给子公司的董事会和总经理承担。

能否将企业战略管理的效能发挥到最大，决定着母公司和子公司在企业发展战略进程中能否达成一致并相互配合。为此，万达强化了战略管理中的职能分配工作。

万达建立了集团母公司和子公司共同管理的组织架构和管理制度，通过制度手段明确了集团总部和子公司之间的关系，避免出现"集而不团"的现象，避免发生母公司和子公司之间缺乏凝聚力和向心力的情况，继而导致万达集团无法产生规模效应。

为了让企业管理工作促进企业战略发展，万达在进入国际市场国内化和国内竞争国际化的特殊时期之后，通过董事会发挥集团高层的指挥和领导职能并分析现状得出结论：想要企业发展得更快更好，只有凭借外力才能达成目标，从根源上解决企业短期利益和长远利益之间的平衡关系。

为了达成这一目标，万达从2003年开始，聘请专业机构对万达的战略策划进行研究。2005年，万达再度启用了内容全面、结构完整的预算管理和内部控制体系等管理手段，促进项目咨询工作的质量提升，编制了组织架构、内控体系、薪酬体系、财务体系和企业文化等多方面的策划方案，把之前拟定的27个独立核算的分公司整合为化工、机电、轮胎、微电子材料、地产和建安6个专业化公司，实现了对集团公司的人力、信息、市场等资源的优化整合。与此同时，万达还成立了集团董事局，进一步完善了《授权管理制度》《公司治理结构制度规范》以及《母子公司管理制度》等几十项常规制度，提升了企业管理的规范化和法制化水平，完善了法人治理机构，提升了企业的整体战略管理水平，加强了集团母公司对子公司和专业化公司的管控力度。

万达的管理组织结构有利于企业内部的资源流通和整合，比如，将集团公司的董事局和集团管理层人员合并，避免了人力资源的浪费，提升了执行效率。不过，万达后来也意识到，这种管理机制有可能导致企业的决策权和经营权过分集中，从而让企业失去了决策判断过程主体的独立性和客观性。为规避这个现象，万达集团高层开始重视参谋研究机构的建设工作，成立了专业委员会，委员会中包括一百多位兼职的教授和专家，为万达组建了一支人数庞大、专业分工明确的智囊团队，对万达的各项战略发展问题、新上项目以及产业调整等工作展开了细致的市场调研和战略分析，确保决策的合理性和科学性，减少了市场经营的风险。另外，万达还特别成立了监事会，通过设立独立董事和独立监事加强对领导班子的监督。

万达集团对下辖的各个专业化公司和控股集团公司也制定了相关的企业发展战略，比如，在2003年成立的万达宝通轮胎有限公司，就是万达通过公司董事会进行深入市场调研后建设的项目，该公司生产的第一批子午胎在2004年年底成功下线，创造了从建厂到投产只耗费一年的行业纪录。

万达宝通轮胎有限公司的项目严格遵循"技术一流、设备一流、专业化人才经营"的定位，主要的生产和检测设备一律从德国、美国和日本等发达国家进口，以北京橡胶研究院为技术支撑，与国内外专家以及科研所长期保持联系，依靠战略合作关系确保企业的生产技术水准位于国际先进行列。该公司成功研制的"节能型低断面全钢载重无内胎子午胎研发技术"已经成为具有自主知识产权的先进技术，目前在国内属高端水准。

万达对工程胎系列产品的成功投资，让宝通轮胎有限公司成为行业内的优秀企业之一，在现有生产规模的基础上，宝通公司筹划了不少扩产项目，目前已经成功打造了BOTO万达宝通、ECED易程德等优势品牌。产品通过了ISO 9001、ISO 14001、3C、美国DOT、欧洲ECE等多项认证，不仅在全国销售，还远销美国、意大利、法国等几十个国家和地区，形成了规模化的市场竞争优势。为了不断优化产品结构，宝通公司积极拓宽国内外市场，持续加强对科研的开发力度，加强结构化优势，对万达集团母公司产生稳定和持续的反哺作用。

万达对宝通公司也明确了企业战略管理的内涵：以加强控制与改进为核心，注重管控模式的调整和强化业务管理。为此，宝通公司不断挖掘企业内部资源，确保现金收入的稳定，提高赢利能力，从而获得在业务细分市场中的能力提升，完成企业营销能力的增强和跃进。

随着专业化公司、子公司和控股集团公司日渐增多，万达加强了审计管理工作，确立了子公司受集团公司最高管理者直接领导的审计制度和机构，目的是加强对集团母公司和各子公司的审计监控力度，依靠信息化管理进行规范性和制度化的汇报，通过全面预算等方式增强母公司和子公司之间管理模块的有效应用，凭借预算管理产生的推拉效应，磨合母公司和子公司的管理关系，最终实现科学化、系统化和规范化的企业内控管理目标。

万达集团通过集权和分权并行的方式，依靠对子公司的"三管"策略进行了有效的管控工作，构建了高效运行的现代企业管理体制，通过确立以"创百亿强企、造百年万达"为目标，紧密围绕集团公司董事局的发展战略，有效凝聚各个企业成员的实力，让万达集团拥有更多精力专注于母公司和子公司的战略发展目标和企业潜力的挖掘，避免因为短视而失去企业发展的动力和方向，促进万达集团始终保持健康、快速、平稳的发展状态。

# 6. 用优秀管理者促进团队建设

万达的长远目标是成为百年企业，只有制定并规范科学的管理机制才能实现这个目标，而且要随着时代的发展、市场的变化以及消费群体的观念转变及时调整。为此，万达的管理制度每年都要进行修订和完善，目的就是保证企业长期处于正常运转的安全状态中。推动万达高歌猛进的精神动因是它卓越的企业文化，而对企业文化的管理是万达所有管理工作中的核心，也是其达成"百年企业"的保证。

万达经过近30年的发展，已经成功地将企业文化的精髓植入员工内心并通过员工不断发扬和传承。可见，确保万达企业文化管理取得成功的要素之一是团队建设管理。

万达的团队建设核心是关爱员工，这种关爱不仅体现在薪资待遇上，更体现在其他人力资源管理制度上。比如，万达出台了员工退休保障制度，让每一个退休员工都能一次性拿到五年的工资，这给予了员工及其家庭可靠的生活保障。对于外地员工，万达除了在正常的节假日给予相应补贴之外，每人每年还有16天的带薪假。另外，万达的员工在购房买车时也能获得相关补助。

一个团队是否优秀，取决于引导这支团队的企业价值观是否正确，只有在正确、健康的世界观和价值观的指导下，才能让拥有不同职业技能和成长背景的人才凝聚成整体。为了实现这个目标，万达的人力资源部门每年都会在人才和团队建设方面付出巨大努力。

为了选取优秀人才，万达建立了标准严格、流程严控的胜任力模型，将其当成各个部门、各个岗位选拔人才和任用人才的培养标准进行推广。以万达集团下辖的子公司为例，万达对管理层明确提出了五点要求。

第一，要具有一定的情商。情商是人们在认知、理解和控制自身情感和他人情感方面的能力，主要表现在对自己和他人情感的捕捉能力上，并做出正确的回应。

第二，要具有决策能力。决策能力是指能够将主要精力放在相关或者重要的结果和目标上，作出对自己和他人有利的、具有推动意义的决策的能力，主要表现在可以将重要的事情和非重要的事情区分开，以此为基础，在现有条件下作出最正确的决策。

第三，要具有指挥能力。指挥能力是指信任、培训并能指导他人凭借自身努力完成任务的能力，主要表现在如何领导个人和团队，让他们对自身的行动结果担负起责任。

第四，要具有抗压能力。抗压能力是当压力产生或者危机临近时能够保持头脑冷静和注意力集中的能力，主要表现在当其他人都失去理智、陷于紧张的状态时能够保持冷静的心态。

第五，要具有沟通能力。沟通能力是指和他人进行清晰的交流和公开反馈的能力，主要表现在怎样进行信息传递并能集中精力倾听和理解他人的信息反馈。

除了万达明确提出的这五项能力之外，还要求管理层具有一定的忠诚度和社会责任感等职业节操。虽然万达对管理层个人能力的要求比较苛刻，但这是成为万达管理者必备的条件，而且这五点要求从本质上看，折射出的是一个管理者是否具有带领团队的能力，凸显出了万达将个人能力培养和团队能力培养相结合的管理方式。

　　如何理解团队在企业管理中的地位及作用，是做好团队管理的基础。所谓团队，是指在工作中紧密协作并对彼此负责的群体，他们应当拥有相同的效益目标。按照现代企业的管理理论，一个团队应当具备五个要素，即目标、定位、权限、人员和计划。任何一个团队的构成都离不开这五个要素，团队中的成员必须由不同的角色组成，通常需要具有五种共性，即领导魅力、坦诚沟通、合理分工、相互协作、个性互补。根据不同团队的工作内容，团队成员可以拥有不同的知识结构，其自身的组成结构也存在着差异，然而只要正确认清了团队的特征并进行具有针对性的管理，一支平凡的团队也可能被培养成为一支优秀的团队。

　　而光有一支优秀的团队是远远不够的，必须有一个优秀的管理者成为团队的领导者。团队领导者必须能在团队中营造坦诚、开放的沟通氛围，能够让团队成员进行充分的了解和沟通，给予每个成员自由发表意见的权利，团队领导者则需要认真听取这些意见，依靠互相沟通来消除意见分歧和隔阂。一个团队领导者的地位既不能过分凸显也不能被忽视，而是应该和团队成员形成一个整体，这样才能让团队成员心甘情愿地发挥自身才能，为企业发展做出贡献。

　　在团队管理方面，万达确定了一个组织原则——长治久安。对这个原则的理解是：只有保持长期稳定的状态才能让团队成员的作用发挥到最大，才能确保企业的战略目标不丢，保证万达的市场竞争优势，而稳定团队的关键在于其管理者是否能够稳住"军心"。

万达在总经理的选用标准上提出了这样的要求：既要懂得商业经营又要熟悉万达的基本情况，而且年龄不能过大，要保持旺盛的精力和工作的欲望。万达依据这样的选拔标准，不断在企业内部和企业外部寻找"千里马"，曾经为了弥补商业经营经验的欠缺，利用渠道优势找到了一位中国顶尖的商业企业经营人才，带领出了一支战斗力突出的团队。后来，万达负责物业的副总经理缺位，集团总部就从其他事业部门调来了一位年轻的副总；当人事行政分管的职位空缺之后，万达马上从人力资源部找来一位对万达各方面了如指掌的副总填补空缺。由此可见，万达对管理层的任职资质要求极高，因为这事关能否培养出一支优秀的团队。

万达除了选用现有人才，还会通过培训不断"生产"出所需的管理人才和执行人才。每年，万达都有几百名行政职位在副经理以上的预备管理者接受入职培训，他们要在培训中尽快地消化万达的企业文化和管理制度，还要通过体验式拓展训练等内容提升个人能力。在培训结束后，他们会拿到由董事长王健林亲笔签名的结业证书，促使他们从思想上、技能上和组织上真正地融入万达。

万达十分看重团队管理者的能力提升，为此形成了一套高管培训机制，从2004年开始，万达聘任中国著名的讲师对全体高管人员讲授MBA课程。为了让高管们的管理水平和企业的发展速度相匹配，万达每年都会精挑细选出国内外最前沿的管理课程，采取集中培训的方式向高管团队传授技能。2006年，万达获得了"全国企业教育百强"奖项，这从侧面反映出万达对高管的培训工作是极其负责并卓有成效的。

除此之外，万达还开展了一些特色培训，比如在"三八"妇女节期间组织举办的《女性职场魅力提升》培训课程、任职培训和经理人训练营等，还结合ERP的专网建设打造e-learning远程培训模块系统，帮助万达每个部门的管理者和执行者获得能力的提升。万达正是通过这种严格又不失灵活的选人、用人机制，结合专业化的培训课程，培养了一批批优秀的管理者，同时又通过这些管理者培养了更具规模的战斗团队，优化了万达的人才管理和团队管理，提高了企业的综合素质。

# 7.  万达招商团队的"养成手册"

企业的人力资源管理既需要挑选合适的人才，也需要进行专业化的培训，因为没有哪一支团队或者个人天生适合某个企业或者某个岗位，既需要在长期的工作实践中积累经验，也需要在短期的职业培训中获取知识。为此，万达建立了很多针对个人和团队能力提升的培训项目，到目前为止已经形成了一整套系统化的培训机制，既包含了有针对性的专业技术培训，又囊括了旨在提升综合管理能力的培训，此外还涉及了有关企业文化、职业道德以及个人修养等多项培训课程。从员工进入万达集团的那一天起，就要接受为期一周的"新起点、新征程——万达新员工入职培训"，这成为万达培训员工的独特方式。

招商是万达工作环节中不可怠慢的重要内容，招商部门是助推万达通向市场的重要渠道，招商人员将产品推向市场，体现产品的最终价值，又从市场中得到信息反馈给企业，是距离市场最近的人，更影响着像万达广场这样的商业地产项目能否保持正常运营。因此，一支合格的招商团队对万达而言十分重要，万达也在努力打造一支高效、高素质的招商团队。为了实现这个目标，万达紧抓五个要点。

第一，从精神上关爱员工。

万达挑选招商人员主要分为两种：一种是没有做过招商业务但是自身综合素质比较强，能够吃苦耐劳，按照企业规定的要求去工作的人；另一种是做过招商业务且非常出色，对于这类人才，万达会通过某些渠道将他们招至麾下。在万达看来，是否具有相关的从业经验并非最重要的因素，关键是需要具备相应的职业道德和职业心态，一个能够吃苦耐劳的人会更有人格魅力，他们在工作时基本不会出现差错。

万达在管理招商团队时会采用四种方式：一是要求业务员将自己训练成为"向导"，能够把握全局，能够在最短的时间内辨别业务开拓的方向并指出错误路线，避免做业务时走弯路；二是通过关心业务员的成长，增强他们对企业的忠诚度；三是传授业务员技能，为他们寻找到合适的老师并帮助他们提升专业技能；四是帮助业务员建立自信心、增强自尊感，让他们勇于挑战自我并对岗位产生责任感。

第二，培养执行力。

在万达看来，一个招商人员的基本素质就是职业道德，万达不会过分要求业务员具有多么出色的业务能力，甚至很多时候招聘的都是一些新手，因为新手需要从零开始学习，很容易和企业形成互动，能够产生一个心理成长的过程，同时，万达更容易了解和掌控新手的内心需求，容易建立起强关系。在新手进入万达之后，会通过半个月的培训，让他们从基本的职业道德、业务技能等方面提升到对万达的企业文化和产品项目烂熟于心的程度。

在培养新人具备了基本的职业道德之后，万达的下一个要求就是培养他们的执行力——毕竟只有执行力强的业务员才更有可能成功。为了培养业务员的执行力，万达会要求新老业务员拜访客户并在回公司之后填写拜访回馈表，通过这种约束方式让老业务员也无法偷懒和怠慢，同时还能对新业务员进行有效的业绩跟踪。此外，万达还会跟客户取得联系，了解新业务员与他们沟通的情况，并通过客户对新业务员的评价去发现他们的优缺点，经过合理的筛选和教育，将这些新人安置到合适的岗位上。万达在选用新人时有一个秘诀：喜欢选择外地人员，因为他们的思想包袱比较轻，很容易集中到一起，可以在万达提供的宿舍同吃同住，建立起一种家文化的工作和生活氛围，进而在团队内部形成凝聚力和团队精神。

第三，培养责任感。

万达的招商人员肩负着重要使命，因此，万达对业务员的综合素质十分看重，比如个人的气质和修养、沟通能力和语言表达能力等，然而人无完人，万达不能要求每一个业务员在各方面都很优秀，所以会将业务员的业绩当成最终的考核目标，因为这才是业务员综合素质的体现。另外，万达也十分清楚，要想建立一支高素质的招商团队，必须让团队成员具有强烈的责任感，让他们保持着和万达相同的奋斗目标，这样才能促使招商团队拥有向心力。为此，万达会通过常规性的小型团队会议，让成员之间进行思想交流，激发他们获得业绩的决心和责任心，鼓励他们共同战斗，并将热血精神传播到每一个人心中。为了达成这些目标，团队成员会不断提升自身的职业素养，从而达到万达对招商团队的要求。

第四，采取激励措施。

有些企业的人员流失情况十分严重，这并非待遇造成的，而是缺乏必要的激励手段，当员工遇到不合理的待遇时找不到宣泄的出口，企业又不能提供有效的解决方案，所以员工只能以一走了之的方式进行报复，这对企业的长远发展来说极其不利。为此，万达的解决办法是广开言路，给予业务员表达他们对市场看法的机会，通过听取有益的建议，鼓励谏言的员工，让员工充分感受到自身的存在价值和企业对他们的重视，给予他们精神层面的激励。

万达始终坚持一个原则，就是兑现承诺，特别是涉及金钱时更为谨慎，简单说就是不轻易许诺，但是许诺之后一定要兑现。万达的招商人员工作十分辛苦，促使他们保持高涨的工作状态的动力是企业给予的承诺，要么是薪资上的、要么是职务上的，如果不能兑现承诺会对他们的心理造成负面影响，从而降低企业的诚信度和员工的忠诚度，导致员工离职甚至故意跳槽到竞争对手那边。另外，兑现承诺也是维系一个团队管理者形象的关键：一个说话不算数的领导不可能带领一支招商团队斩获出色的业绩，更不可能赢得团队成员的信赖和尊敬。

第五，强化沟通。

万达在招商团队建设方面，最为看重的是团队之间的沟通，只有让成员相互了解并交换意见，才能齐心协力达成业绩指标，才能建设好一支招商团队。万达始终明确一点：虽然团队有共同利益，但毕竟是由多个成员组成的，每个人都有自己的个人利益，也有着不同的思维方式和处世原则，只有将他们的差异化压缩到最小，才能真正地将他们联合为一个整体，进而发挥最大效能。因此，有效的沟通能够将团队成员的积极性充分调动起来，促进他们为共同利益而努力奋斗。

万达招商团队的"养成手册"，其实是万达培养企业各部门团队的一个缩影，具有很强的普及性和适用性，体现出万达在团队管理工作上的细致和用心：只有激发团队中个体的能力，才能凝聚整体的战斗力，才能助力企业战略计划有条不紊地实现。

# 8. 企业文化理念是立足之本

　　企业文化是企业立足于社会和市场的根本，如何建设企业文化，对一个企业修炼精神内力、深化品牌内涵具有长远的战略意义。由于企业文化不能直接创造经济价值，不少企业的管理层并不重视企业文化建设，只是做表面文章，缺乏内涵，造成了不少企业经济繁荣却思想空洞的怪状。从长远来看，缺乏文化内涵的企业很难顺应时代潮流，无法走得更远。

　　和很多企业不同，万达十分重视企业文化建设，其构建了"国际万达，百年企业"的核心理念。关于这个理念，王健林进行了深入细致的阐述。

　　"国际万达"包含了三方面的内容：企业规模、企业管理和企业文化。对万达来说，企业经营规模必定要上升到国际水准，不能停留在只有几十亿元的等级上，不然连中国的五百强排名都保不住。而且，企业管理也要和世界接轨，和国际知名企业具有同等的意识和操作能力。另外，企业文化不能仅限于本乡本土，要和国际普世价值观相契合。

"百年企业"包含着两个方面，一个是追求基业长青，万达要具备极强的市场生存力，成为长期发展的企业。按照国际流行的说法是，存活时间在10年以下的企业都是短命企业，10年到30年的企业是中寿企业，超过30年的企业才是长寿企业，而万达的目标是成为长寿企业中的佼佼者——百年企业。

　　自从人类社会产生商品交换到现在，还没有哪一家企业繁盛的时间超过200年，更没有人敢提"千年企业"。企业的生死兴衰虽然符合事物发展规律，然而万达却希望能够将其兴旺繁盛的状态继续保持。毕竟万达拥有大量的商业地产和长期收益，而钢筋混凝土建筑至少能存在100年，即使需要重置，费用也不高，比获取土地付出的代价小得多。从这个角度来看，只要万达能约束自我，不在重大决策上犯错，不盲目做高风险的投资，达成"百年企业"的目标并不难。

　　万达自身具备的资产和商业模式的优势，是管理企业文化的基础。万达的目标并非短期内获得多少利益，而是在未来依然有赢利能力。万达的企业文化理念是做百年企业，因此，无论从事哪一项业务都要具有战略眼光，追求长期稳定的现金流。这个宏伟的战略目标促使万达在做决策时有抓取的重点。

　　曾经有人让王健林去内蒙古收购煤矿，被王健林断然拒绝，理由是万达坚持做事业而非搞投资，不会做任何金融周边产品，这既是万达的业务方向也是万达企业文化的精髓。在王健林看来，成为世界五百强的企业没有几家是凭借投资成功的，万达只有做长线才能成为国际级的企业。

　　企业文化管理需要明确的一个原则是：企业文化并非一成不变，会随着时间的推移不断修改和完善，让企业符合时代发展的要求和自身精神内力提升的需要。万达在建设和管理企业文化的同时，一面审视自我，一面揣摩世界，不断推动企业核心文化理念的进步，其经历了一个漫长、复杂的演进过程，一共分为三个阶段。

1988年到1997年是第一个阶段。

初创时期的万达，确立的企业核心理念比较朴素，是"老实做人，精明做事"，企业文化的侧重点是诚信经营。用现在的眼光看，"诚信"已经是被喊滥的、透支的口号，然而在20世纪90年代，很少有人敢说出来，因为当时的房地产市场十分混乱，没有土地出让制度，没有许可证就能够随意销售，谁有能力弄到地皮谁就可以空手套白狼，先卖期房，收到钱之后再去建房子，这往往使得购房者苦不堪言。

当时万达集团的前身叫作西岗住宅开发公司，成立时间不长，总经理犯了经济错误，导致公司欠债几百万元，眼看着就要倒闭了，当时区政府提议：谁有能力将公司救活就把公司交给谁管理。王健林当时在西岗区政府当办公室主任，接管了这家公司，在公司做第一个开发项目时，有人建议王健林在出售每套房子的时候多算一些面积蒙骗客户，王健林认为这是欺骗，于是明令禁止，随后提出了"老实做人，精明做事"的口号，此成为万达在雏形时期的企业文化理念。

1998年到2004年是第二个阶段。

在这个时期，万达提出了"共创财富，公益社会"的企业核心理念，将社会责任作为侧重点。1997年，万达已经实现了大规模跨区域发展，从大连走向全国，成为当时中国少有的跨区域房地产企业，此时对于万达而言，赚钱已经不是难题，但是王健林敏锐地注意到，万达不能只做一个重利益轻道义的企业，万达要回报社会，要承担社会责任，于是万达开始从事慈善事业，随着收入的增多，其捐款的数额也逐渐增大。随后，王健林又重视起了对员工的关爱和保护，由此形成了一套社会责任和企业责任的观念体系。很多企业不愿意纳税甚至偷税漏税，然而万达却将多纳税当成企业的骄傲，可见当时的万达已经跳出了"商人重利"的狭隘圈子，建立了企业社会责任感。

2005年到现在是第三个阶段。

现在，万达构建了新的核心理念——"国际万达，百年企业"，这次将追求卓越视为重点内容。2005年，万达的总资产超过了100亿元，一举成为国内知名的房地产企业，有人劝王健林好好生活，把赚来的钱拿出来享受。王健林却认为，企业不只是为了盈利而存在，如果将攫取财富当成唯一的目标，那么当大笔的财富到手之后很容易失去奋斗的动力。万达经过多次的探讨和论证，最终统一思想，提出"国际万达，百年企业"的口号，将原有的企业文化理念升级。很显然，万达会将这一理念继续保持下去，直至成为世界一流企业。

万达的企业文化理念，是随着时代的变化和万达自身的进步而不断升级的，这恰恰反映了企业文化管理的核心法则：能力越大，目标就应当越大，管理的战略视角就更高。在企业发展的初始阶段，好高骛远的企业文化会阻碍发展，在企业进入辉煌时期以后，狭隘短视的企业文化又会限制企业发展，只有不断追随时代变化的脚步，才能做好企业文化的管理升级。

企业文化的核心理念是支撑企业精神文化的中流砥柱，然而只有支柱是不够的，还需要建立与之相匹配的企业文化体系。万达之所以成为国内知名的房地产企业，并非只有企业文化核心理念，还构建了完整的文化体系，并通过三个方面的管理加以强化。

第一，思想体系管理。

万达的思想体系丰富饱满，容纳了企业基本理念、核心价值观以及企业愿景等内容。以企业愿景为例，万达将其划分为近期、中期和远期三个内容。远期是成为国际一流企业，中期是五年规划，近期是年度计划。万达能够进行清晰的目标管理，是它对文化体系合理运用的成果，万达的企业愿景还能够依据自身的发展情况，以三年到五年为一个时间节点调整，通过成熟的管理机制掌控全局。

第二，文化制度管理。

万达通过创办月刊网站和员工手册等手段，帮助员工了解万达的文化思想内涵。早在公司初创时期，王健林就意识到良好的制度是企业发展的保证。在王健林刚到公司任职时，发现公司管理制度极其混乱，员工干多干少没区别，有人甚至利用公司的资源干私活；团队形如散沙，毫无战斗力。王健林来到公司的第一个星期就推出了加强工作纪律的规定，这不仅是为了有效地管理员工，更是通过确立企业制度维系企业精神文化的传承。

万达的企业文化制度包含四个内容：年初有计划，年底有总结，经费有预算，培训有考核。万达的企业文化管理基于现实需求展开，万达的年会开了近30年，单项表彰由于业务增加而导致时间不足，所以被大幅度缩减，哪怕是最出色的代表作演讲也只有五分钟，然而年会却保留了优秀通讯员的单项表彰，从这一点上能够反映出万达对企业文化建设的重视程度。

万达每年都有大量的文化活动和员工培训，慈善捐助也被划入集团的年度预算中。现在王健林成立了个人慈善基金，还成立了专门的组织做慈善活动。

第三，组织系统管理。

企业文化的传递离不开高素质的从业人员，万达十分看重对员工的培训，每年年会都要对近期的培训成果进行总结，让大家意识到组织系统的重要性，只有建立高素质、专业化的人才组织，才能维系万达的文化建设。早在十几年前万达就成立了企业文化部，负责开办月刊网站、编纂万达故事等。除了集团有企业文化部，项目公司、商管公司和百货公司等系统分支也有自己的刊物和网站。万达对每个基层的员工都提出了要求，让他们自觉地成为万达文化的通讯员，共同打造万达企业文化的坚固基石。

企业文化管理虽然是精神层面的，但最终需要通过物质的方式表现出来，万达在管理企业文化的漫长道路上，形成了具有万达特色的文化特征，其中最典型的是勇于创新和坚守诚信。

勇于创新，是万达企业文化的核心，一部万达的企业发展史就是一部公司的创新史。在1988年万达刚成立时，房地产行业的现状是谁拿到指标谁才能申请用地，而指标是由国家计划委员会统一分配的，当时大连能够拿到计划指标的只有国有房地产公司，根本没有万达的份儿，万达只能掏钱购买，这给万达带来了很大的经济压力。为此，王健林找到市政府，表示无论项目在哪里都愿意去做，于是市政府将一个破烂的棚户区给了万达。经过万达计算，那时有一条街的棚户区的开发成本是每平方米1200元，而当时大连最贵的房子也只卖到每平方米1100元，于是王健林想要以每平方米1500元的售价卖出去。为了实现这个目标，王健林进行了创新：第一，安装了在东北十分罕见的铝合金窗；第二，安装了防盗门；第三，设计了明厅和洗手间。这些创新举措让购房者眼前一亮，在项目拆迁还没有结束时就卖出了全部800多套住宅，平均每平方米的售价是1580元，破了大连房价的纪录。万达一跃成为国内首家做旧城改造的房地产企业。

另一个是追求长远利益——坚守诚信，是万达企业文化的追求。万达在1990年开发大连民政街小区时，由于当时房地产行业缺乏监管，建筑质量都很差，购房者怨声载道。目睹这种情况，王健林决心将房子的质量提上去，改变房企的负面形象，他对几家施工单位提出要求，必须达到市优的标准，结果施工单位都不愿意干。原来，达到市优工程标准每平方米的成本要增加10元，对应的国家奖励是每平方米2元；达到省优工程标准每平方米的成本要增加20元，对应的国家奖励是每平方米4元，得不偿失，所以施工单位不愿意干。为了提高施工方的积极性，万达自己设置了达到市优工程标准能获得每平方米10元的奖励，达到省优工程标准能获得每平方米20元的奖励，很快就有四家施工单位和万达签署了协议。然而，市建委却认为万达破坏了国家规定，万达解释说这是做好事，而且执行的范围是在万达内部，这才得到了市建委的允许。最后，万达开发的楼盘中，四栋楼获得市优工程，四栋楼获得省优工程。

企业文化是无形财富，是指导企业树立战略目标和终极追求的导航标，正因为万达确立了"百年企业""坚守诚信"等企业文化理念，才能始终心怀对客户、市场和社会的责任感，凭借过硬的工程质量享有了"住好房，找万达"的良好口碑，成为走向全球的知名房地产企业。